KB023941

004

팸플릿 004

시민의 정치를 위한 안내서

시민에게 권력을

하승우 지음

한티재

차례

| 2부 |

기수를 돌려라! — 베네수엘라에서 배운다

| 나오는 글 |

| 들어가는 글 |

'기득권 정치'가 아닌 '진짜 민주주의'를

한국의 정치 현실을 보고 있으면 한숨이 절로 나온다. 대통령의 친·인척이 정치에 개입했던 일이야 하루이틀 일도 아니지만, 박근혜-최순실 게이트처럼 측근이 대놓고 국정을 주무른 사례는 찾기 어렵다. "이게 나라냐" 하는 탄식이 절로 나온다. 문제는 이런 정치의 위기가 경제나 사회, 삶의 위기로 고스란히 번지고, 힘 없고 가난한 사람일수록 이런 위기에 많이 노출되고 더욱더 위험해진다는 점이다.

그런데 정작 이런 위기를 불러온 힘 있고 많이 가진 자들은 어떨까? 그들도 우리처럼 위기를 실감하며 두려워할까? 박근혜 대통령은 사안이 불거지자 사과를 했지만 끝까지 자신은 잘못한 것이 없다고 우겼다. 국회에서 탄핵소추안이 가결되었음에도 "탄핵 심판과 특검 수사에 담담하게 대응할 것"이라며 기존의 입장을 바꾸지 않았다.

사실 기득권 세력은 문제가 드러났을 때에는 잘못했다, 사과한다, 머리를 조아리지만 잠잠해지면 금세 고개를 세우고 군림하려 든다. 이런 상황이 반복되면서 정치인과 기업인들의 비리와 부패는 이미 심각한 수준에 이르렀다. 국가권력은 공권력인데 마치 몇몇 개인들의 사유물처럼 행사되고 있다. 유전무죄/무전유죄, 금수저/흙수저와 같은 말들은, 공화국이라 불리지만 사실은 신분제 사회에서 벗어나지 못한 한국의 민낯이다. 그러면서 한국사회는 '헬조선'으로 점점 퇴보해 왔다. 부패한 기득권이 장악한 사회, 범죄자들이 기업들을 운영하고 이들과 결탁한 국가는 그 죄를 은폐하거나 사면하고 시민들은 이를 묵인하는 무능한 사회, 이것이 우리의 자화상이다.

2010년 10월에 『르몽드 디플로마티크』 한국판에 글을 하나 썼는데, 그 글에서 나는 한국이 하나의 나라처럼 보이지만 실제로는 자신의 이해관계를 좇는 '기득권'과 기득권이 정한 규칙을 일방적으로 따르는 '시민'으로 구분되는 두 개의 공동체라고 주장했다.

21세기를 맞이해 독특한 영화 한 편이 등장했다. 흥행에 성공하지 못했지만 영화 〈세기말〉은 20세기 말 한국 사회의 풍경을 노골적으로 묘사했다. 영화에 등장하는 악덕 고리대금업자 천은 이렇게 말한다.
"돈 있는 이들이, 이대로, 왜 제발 이대로 하면서 건배하는 줄 아나. 참말로 이대로가 좋은 기라. 대한민국, 망해도 안 되고 더 잘 돼도 안 되는 기라. 선진국, 그거 절대 사절이야. 선진국하고 후진국, 결정적인 차이가 뭔 줄 아나. 투명과세라. 많이 번 놈 많이 내고 쪼매 번 놈 쪼매 내고. 가진 아들이 가장 싫어하는 게 그거 아이가. 내 돈 남 주는 거. 내하고 룸살롱 같이 하다가 미국으로 이민 간 아가 있는데, 마, 학을 떼는 기라. 얼매나 세금을 때려 맞는지, 빨갱이 나라가 따로 없다 캐. 여서 얼매 안 냈거든. 그라이 여가 천국이제."
모두가 약간의 불안감과 흥분을 느끼며 맞이하던 21세기에도 한국의 기득권층은 철저한 현상 유지를 바랐다. 일제 식민지 시기와 군사독재를 거쳐 완성된 근대적인 법·제도는 기득권층의 처벌을 불가능하게 만들었기 때문이다. 그동안 입법·행정·사법 등 거의 모든 제도가 철저히 기득권층을 보호해왔다. 아직까지 친일파의 재산을 환수하는 문제가 뉴스거리가 될 만큼 우리의 근대법과 제도는 기득권에 대한 도전을 가로막아왔다. 어떤 과정을 거쳤든 간에 일단 한번 만들어진 권력이나 재산, 기득권에 대해서는 어느 누구도 문제를 제기할 수 없도록 만들었다. 그러니 법과 제도의 잘못된 적용이 아니라 우리 사회를 지배하는 규칙 자체가 문제이다.

옛날에는 마을 사람들이 힘을 모아 부패한 수령을 쫓아내거나 필요하다면 부잣집 곳간을 열기도 했는데, 근대의 법과 제도는 이런 해결책을 완전히 금지했다. 사유화된 공권력이 힘을 독점했고, 자력 구제는 범죄가 되었다. 우리는 옛날보다 더 합리적인 사회에 살고 있다고 착각하지만 실제는 더 야만적인 사회에서 고통을 받고 있다. 합리성의 가면을 쓴 야만 사회에서 기득권층을 무너뜨리는 건 거의 불가능하다.

야만적 억압의 형식은 조금씩 세련되게 변해왔다. 과거에는 국가의 폭력이 기득권층에 도전하는 사람을 짓밟았다면, 지금은 돈의 폭력이 사람의 발목을 잡는다. 차라리 노역을 살고 나오겠다는 말이 나올 만큼 시민·사회단체의 활동가들에게 갖가지 벌금형이 내려진다. 파업은 생각조차 못할 정도로 엄청난 손해배상 압력이 노동조합을 짓누른다. 그러니 기득권층에 "법대로 하자"는 말은 전혀 위협적이지 않고, 오히려 그들이 '법치주의'를 내세우기도 한다.*

최근에 변화의 가능성이 열리기는 했다. 몇 주 동안 촛불을 들고 광장과 거리로 쏟아져 나온 시민들이 국회를 압박해서 대통

---

* 하승우, 「특권층, 보이지 않는 괴물에 떨다」, 『르몽드 디플로마티크』 제25호(2010. 10. 8).

령 탄핵이라는 새로운 역사를 썼다는 점은 분명하다. 시민들이 없었다면 국회는 탄핵안을 절대로 가결하지 않았을 것이다. 그리고 탄핵 가결 이후에도 촛불이 꺼지지 않고 박근혜 대통령의 퇴진을 계속 요구하고 있다.

그런데 여전히 시민들은 촛불을 들고 국회를, 헌법재판소를, 다시 청와대를 바라봐야 한다. 지금 한국의 권력구조는 시민들의 정치력을 수용할 수 없다. 아니, 받아들이지 않는다. 기득권의 이해관계를 중심에 놓고 만들어진 구조이기에 시민들은 '관객'으로서 바라볼 수밖에 없다. 수백만 명이 거리를 채웠어도 이곳의 민주주의는 여전히 '관객 민주주의', '껍데기 민주주의'이다.

그래서 상황이 나빠지고 분위기가 반전되면 냉소가 또다시 등장할지 모른다. 열정을 쏟아 붓고 정말 할 만큼 했는데도 세상이 바뀌지 않으면 그 열정만큼 냉소가 생길 수 있다. 더구나 답이 없는 상황에서 선거가 무기력하게 반복되면, 지금과 같은 방식으로는 작은 정치변화조차 기대하기 어렵다. 박근혜 다음 대통령은 이전의 대통령들과 얼마나 다를까?

이런 고민을 한참 할 때 우연히 『한겨레21』에서 스페인의 '아오라 마드리드'ahora madrid라는 지역정당에 관한 이야기를 읽었다. 그 기사에 따르면, '아오라 마드리드'는 다음과 같이 3대

원칙을 밝혔다고 한다.

1. 좌우 프레임에 갇히지 않는다. 우리는 좌파에서, 우파에서 온 것도 아니다. 우리는 아래에서 왔다. 맨 위에 있는 사람에게 대항하는 맨 아래의 사람들이 뭉쳤다.
2. 우리가 하는 게 진짜 정치다. 정치인, 의회가 그동안 해온 방식은 진짜 정치가 아니다. 모든 사람들이 모여 세상에 대해서 토론하고 자신이 원하는 것을 이야기하고 그것을 듣는 게 정치다. 우리가 생각하는 방식대로 정치를 하겠다.
3. 이해하기 쉬운 말을 쓴다. 언어가 참여하는 데 진입장벽이 되지 않도록 전문가들이 쓰는 어려운 단어는 최대한 배제한다.*

좌와 우가 아닌, 아래에서 위에 대항하는 사람들이라. 멋지다. 좌와 우라는 기존의 정치 패러다임에 갇히지 않겠다고 선포하면서 이들은 기성 정치를 노골적으로 부정했다. 너희들이 하는 건 진짜 정치가 아니라고. 그러면서 이들은 사람들이 원하는 바를 직접 이야기하고 듣고 그걸 실현하는 것이 진짜 정치라고 선언했다. 이런 정치를 위해 이들은 전문가들의 언어를 배제하고

---

* 「99%가 하는 진짜 민주주의」, 『한겨레21』 제1091호(2015. 12. 16).

생활의 언어로 돌아가겠노라 다짐했다.

아니, 평소에 내가 바라던 바를 실제로 주장하고 구현하는 곳이 있다니. 그 뒤 '와글'이라는 단체가 진행하던 '듣도 보도 못한 정치'에 관한 스토리펀딩 글을 읽고 스페인에서 다양한 실험들이 진행되고 있음을 알게 되었다(이 글들은 최근 책으로 묶여 출판되었다). '포데모스'Podemos('우리는 할 수 있다'라는 뜻)라는 정당 이야기를 그전에도 간혹 들었지만 꼼꼼하게 살펴본 것은 이 즈음이었다. 그리고 2015년 12월의 총선에서 '포데모스'가 총 350석 중 69석을 얻어 스페인의 제3당이 되었다는 놀라운 소식을 접했다. 불과 2년 정도의 시간에 26년째 지속되어온 양당구조를 깨고 제3당이 되다니, 어떻게 그런 변화가 가능했을까?

이런 궁금증을 품고 스페인을 방문해서 지역정치조직체인 '아오라 마드리드'('지금 마드리드'라는 뜻)와 '바르셀로나 엔 코뮤' Barcelona en comú, ('모두의 바르셀로나'라는 뜻), 강제퇴거 위기에 놓인 사람들의 단체인 '빠'PAH, 그리고 '포데모스'의 활동가들을 만났다. 그리고 파블로 이글레시아스Pablo Iglesias, 이니고 에레혼Íñigo Errejón과 같은 '포데모스' 핵심 인물들의 책을 읽었다. 그러면서 스페인의 실험이 남미의 실험과 이어져 있음을 알게 되었다.

흥미로운 경험이자 상상력을 자극하는 내용이었다. 과거 68운동이 중국의 문화대혁명에서 영감을 얻었다면, 스페인의

"시민 없는 국가는 없다."
앞에 주먹 쥔 남성이 포데모스 사무총장 파블로 이글레시아스.
옆의 안경 낀 남성이 원내대변인 이니고 에레혼. 포데모스 홈페이지.

정치운동은 남미의 정치변화에서 영감을 얻었다. 이글레시아스는 『위태로운 시대의 정치』*Politics in a time of crisis*라는 책에서 이 점을 분명하게 언급한다.

> [신자유주의가 기승을 부리자] 국가주권이 유명무실화되면서 정치적인 가능성도 축소되었지만 지난 15년의 시간은 사회운동의 형태만이 아니라 국가의 형태로 신자유주의에 맞설 새로운 상대의 출현을 목격하는 때이기도 했다. 라틴아메리카에서는 심각한 경제·정치의 위기라는 조건에서 대중적이고 진보적인 진영이 국가 차원과 지역 차원에서 주권을 만회한다는 기획으로 전환하면서 선거에서 승리를 거뒀다. 경제와 사회구조, 문화구조, 국가의 능력, 지정학적 위치 등 많은 측면에서 이런 과정들을 만든 맥락이 미국은 말할 것도 없고 유럽과도 다르지만, 여기에는 하나의 유사성이 존재했다. 라틴아메리카 역시 70년대와 80년대의 비참한 시기 동안 구좌파의 역사적인 패배를 목격했다는 점 말이다. 그리고 상황이 계속 바뀌면서 투쟁을 위한 무대로서의 정치가 심한 어려움을 겪더라도 정치가 절대로 중단되어서는 안 된다는 점을 새로운 세력의 등장은 상기시켰다.*

---

* Pablo Iglesias, *Politics in a time of crisis*(Verso, 2015), 178쪽.

구좌파의 패배가 정치의 몰락을 가져왔지만 정치는 포기되어서는 안 되는 활동이고, 특히 남미는 대중적인 정치운동이 제도권력을 장악할 수 있다는 가능성을 보여줬다.

사회개혁, 정치개혁을 위해 제도권력을 장악했다는 점에서, 썩은 정치권력과 기득권층을 대신해서 자신들이 새로운 사회를 만들어 주겠노라 공약하지 않고 권력을 하나씩 장악하되 그걸 특정한 세력의 것으로 만들지 않고 시민들에게 돌려주겠다는 점에서, 그리고 그런 전환의 힘을 철저히 민중들people 속에서 만들려 한다는 점에서 그는 남미의 영향을 받았다고 말한다.

우고 차베스Hugo Chavez는 민중의 지지를 모아 1998년 12월 대통령 선거에서 당선된 뒤 헌법을 새로 제정하면서 시민부Citizen Power를 새로 만들었고 시민부는 정치개혁을 단행할 권한을 가지게 되었다. 그리고 헌법 제143조는 자신과 직접적인 이해관계가 있는 공공업무의 진행 상황에 대해 있는 그대로의 정직한 정보를 적시에 제공받을 권리가 민중에게 있으며, 당해 사안에 대해 최종적으로 내려진 모든 결정 사항들을 통고받을 권리가 있다고 명시했다. 그리고 15세 이상 성인들로 구성된 시민총회를 최고의사결정기구로 삼는 주민평의회Consejos Comunales는 지역사회의 권력구조를 바꾸는 기초조직이었다. 시몬 볼리바르Simón Bolívar라는 민중영웅을 호명하며 끊임없이 민중을 조직하고 권한을 주려했던 이런 베네수엘라의 실험들이 '포데모스'를 준비하던 사람들에게도 많은 영향을 미쳤다.

베네수엘라의 실험에서 또 하나 중요한 점은 정치와 경제가 분리되지 않았다는 점이다. 민중의 삶이 개선되지 않고는 어떠한 정치실험도 진행될 수 없다는 점을 차베스는 잘 알고 있었다. 기득권과 빈민으로 나눠져 있던 사회를 개혁하기 위해 차베스는 미시온Misión 사업을 통해 대대적인 개혁정책을 실시했고 협동조합을 통해 민중의 자존감과 자립심을 강화시키려 했다. 이런 변화를 통해서만 '21세기 사회주의'가 가능하다고 차베스는 생각했다. 이 점도 '포데모스'에 영향을 미쳤다고 생각한다.

이런 변화를 주도한 이념은 사회주의나 자본주의가 아니라 포퓰리즘populism이었다. 포퓰리즘에 대한 정의는 다양한데, 캠브리지 사전은 "보통 사람들의 요구와 바람을 대변하려는 정치사상 또는 활동"이라 정의한다. 이 정의만 보면 포퓰리즘은 민주주의와 다를 바가 없다. 문제는 현실에서 보통 사람들의 요구와 바람이 거의 정치세계로 전달되지 않기에 포퓰리즘은 특정한 정치세력을 공격하면서 대중의 지지를 얻는 전략으로 많이 활용되었다. 이 역시 정치의 일반적인 과정으로 볼 수 있기에 특별한 문제는 없다. 논쟁은 "누가 적과 동지의 기준을 정하는가, 대중의 마음을 얻기 위한 적극적인(외부의 시선에는 선심성으로 비치는) 정책이나 이미지 전략이 정치적으로 올바른가" 같은 실제 과정에서 벌어지곤 한다.

특히 유럽의 우파가 득세하고 미국의 트럼프가 대통령에 당선되면서 포퓰리즘에 대한 우려와 공포가 확산되고 있다. 그렇지만 다른 한편으론 베네수엘라와 스페인 사례에서 드러나듯이 '좌파 포퓰리즘'left wing populism도 현실의 정치세력으로 존재한다. 민중이 기득권층에게 불만을 품는 것은 당연한 일이고, 이를 바꾸려면 민중이 정치적으로 조직되어야 한다. 그리고 정치의 동원 대상에서 정치의 주체로 소환된다면 포퓰리즘의 성격과 가능성도 변화된다. 왜 우리는 민중이 역사의 주인이라고 부르짖으면서도 정작 민중이 정치무대에 직접 오르는 것을 두려워할까? 이런 근본적인 물음을 던져야 할 때이다.

박근혜 이후를 묻는 우리의 고민도 마찬가지이다. 기득권 세력과 민중이 공존하기 어렵다는 것은 분명한 사실이고, 그들에 맞서려면 민중이 조직되어야 한다. 기득권 세력에게 유리한 법과 제도를 바꾸고 민중권력이 실현될 수 있는 헌법체계를 갖춰야 한다. 기득권 세력이 스스로 이런 틀을 만들 가능성은 없기에 우리가 스스로 나서야 하고 조금씩 성공을 거둬야 한다. 포퓰리즘은 이런 성공을 위한 도구일 수 있고, 앞선 실험들은 우리가 길을 찾을 수 있는 좋은 좌표이다.

시간 순서로는 베네수엘라의 실험이 먼저이지만, 이 책은 스페인 사례를 앞에서 다룬다. 베네수엘라의 실험이 차베스라는 인물로 대표된다면, 스페인은 '포데모스'라는 정당으로 대표된다. 스페인의 실험은 기획과 실행력 부분을 '민주화'시켰다는 점에서 더욱더 강력하고 한국의 상황과도 더 비슷하다고 생각한다. 그리고 이렇게 스페인을 거쳐 베네수엘라로 들어가면 차베스의 실험에 대해서도 기존과는 조금 다른 관점으로 접근할 수 있다.

이 책은 스페인과 남미의 실험에 관한 짧은 스케치이자 하나의 해석이다. 대부분의 팸플릿이 그러하듯 이 책은 새로운 논의를 시작하기 위한 단초이지 어떤 결론이 아니다. 독자들과 더 많은 대화를 나누고 싶다.

1

우리는 할 수 있다!

스페인에서 배운다

1. 15M운동과 제도정치의 연결고리

스페인은 익숙한 나라처럼 느껴지지만 사실 우리가 잘 모르는 나라이다. 유럽과 아프리카 대륙의 길목에 위치한 스페인 왕국은 대항해시대를 주도하며 한때 전 세계에 식민지를 만들었다. 영국과의 다툼에서 패하고 내분이 생긴 뒤 스페인은 쇠락하다 1936년 스페인 내전으로 다시 유럽 역사에 이름을 올렸다.

1936년 2월 총선에서 사회주의노동자당, 공산당 등이 연합한 인민전선이 승리를 거두고 토지개혁을 비롯한 개혁정책들을 실행하자 7월에 프랑코 장군이 쿠데타를 일으켰다. 작가 조지 오웰G. Orwell이 『카탈루니아 찬가』에서 세밀하게 관찰했던 이 전쟁에서 프랑코가 승리를 거두고 1975년에 사망할 때까지 독재를 펼쳤다.

프랑코 사망 후 스페인에도 민주화의 바람이 불게 되는데, 문제는 프랑코를 따랐던 경제 엘리트들이 정치적인 사면을 받고 거의 교체되지 않았다는 점이다. 이들은 정부의 중요 직책을 계속 차지했고 서로 돌아가며 관직을 나누는 '합의의 정신'을 만들었다. 지배계급들은 노동조합의 임금인상을 제한하는 '몽끌로아 협정'을 승인하고 1978년에 입헌군주제를 인정하는 헌법을 제정하는 '78년 체제'를 만들었다. 1982년 '사회노동당'PSOE이 선거에서 압도적으로 승리한 뒤에도 이 체제는 그대로 유지되었다. 스페인의 정치변화는 바로 이 '78년 체제'에 대한 도전으로 시작되었다.

'포데모스'의 등장 배경에는 '15M운동'(5월 15일에 시작되었다고 붙여진 이름)이라는 중요한 사건이 있었다. 2011년 5월 15일, 정부의 긴축정책과 높은 실업률, 기업의 구조조정, 은행의 주택강제압류에 분노한 스페인 시민들은 스스로를 '인디냐도스'los indignados(분노한 사람들)라 부르며 시위를 벌였다.

15M운동의 선언문은 이렇게 시작한다.

> 우리는 당신처럼 평범한 사람들이다. 우리는 매일 아침 공부하고 일하고 직업을 찾기 위해 일어난다. 우리는 매일매일 더 나은 미래를 위해 열심히 일하는 사람들이다. 우리는 우리를 둘러싼 정치, 경제, 사회의 흐름에 많은 관심을 가졌고 분노했다. 정치인과 기업가, 은행가들의 부패, 우리를 무력하게 만들고 목소리를 빼앗은 이 상황은 일상

이 되었고 하루하루가 고통이고 희망은 사라졌다. 그러나 만일 우리가 힘을 모은다면 이런 상황은 바뀔 수 있다. 이제 변화의 시간이 되었다. 더 나은 사회를 함께 만들 시간이다. 따라서 우리는 강력하게 요구한다. 더 나은 사회의 최우선 조건은 평등, 진보, 연대, 문화의 자유, 지속가능성, 발전, 복지, 민중의 행복이다.*

이 선언문을 내걸고 수십만 명의 시민들이 거리로 쏟아져 나왔고, 이들은 곳곳에서 거리총회street assembly를 열었다. 정치인이나 사회운동단체들의 지도 없이도 평범한 사람들의 시위는 다양한 방향으로 확산되었다. 그리고 이런 이야기들은 웹사이트(http://tomalaplaza.net)에 올라가서 그 자리에 참석하지 못했지만 말하고 싶어 하는 다른 이들의 이야기들과 만났다.

그러면서 15M운동은 스페인의 권력을 양분해온 '국민당'PP과 '사회노동당'에 맞섰고 시민들의 집을 압류하던 은행과 유럽연합EU의 긴축정책에도 저항했다. 가장 대표적인 운동은 은행에 집을 압류당해 강제퇴거당하는 사람들의 플랫폼('빠')으로, 이들은 강제퇴거당하는 집 앞으로 몰려가 대열을 짜고 힘으로 강제퇴거를 막았다. 그러면서 '빠'PAH는 약 250건의 강제퇴거와

---

* http://european-citizens-network.eu/civil-en/spip.php?article42

압류를 막고 비어 있는 공간을 점거하고 대안을 중재하면서 스페인 전역에 250여 개의 마을모임들을 조직했다. '빠' 외에도 공공장소의 저항캠프protest camp, 공동체 농장community gardens, 병원의 사유화에 대한 저항, 교육예산삭감에 대한 저항 등이 15M운동의 깃발 아래 모여들었다. 15M운동은 수직적인 조직구조를 거부하고 수평적인 토론과 모임을 통한 결정을 강조했고 서로 다른 운동의 자율성을 인정하되 필요에 따라 함께 하는 연대전략을 구사했다.

한국에도 대대적인 시위가 없었던 것은 아니다. 한국이야말로 역동적인 시위가 사회를 바꾼 곳이지 않은가. 심지어 1980년 5월에는 광주시민들이 직접 무장하고 불의한 정권에 맞서기도 했다. 그런데 왜 우리에게는 이런 정치의 전환이 불가능했을까?* 어떤 면에서 우리는 정치개혁을 요구했지만, 민중이 스스로 권력을 통제하길 원하지 않았다. 우리는 민주주의를 요구했지만, 그 민주주의는 특정한 정치인이 민중을 대신하는 대의민주주의였다.

반면에 스페인의 15M운동은 어떤 특정한 목표를 정하거나

* 이에 관한 설명은 권정우·하승우의 『아렌트의 정치 — 한나 아렌트의 정치이론과 한국사회』(한티재, 2015)에 어느 정도 담겨 있다.

특정한 정책을 요구하지 않고 진짜 민주주의real democracy와 진정한 사회변화를 요구했다. 이 틀 속에서 다양한 사회운동들이 서로의 자율성을 인정하면서도 기득권층이 장악해온 사회를 해체하고 재건하는 실험들을 진행했다.

어떻게 사회적인 분노가 그런 식으로 조직될 수 있었을까? 이글레시아스의 말에 따르면, 15M운동은 기성좌파의 약점을 드러냈고 부패한 정치·경제 엘리트들에 대항하도록 이끌었지만 다른 곳들과 마찬가지로 시간이 흐르면서 운동의 동력이 사라지기 시작했다. 기존의 정치와는 전혀 다른 문법이 필요했는데, '사회노동당'이나 '좌파연합' 같은 기존 좌파정당은 이런 문법을 만들지 못하고 서서히 몰락하기 시작했다. 2011년 총선과 지방선거에서 '사회노동당'은 2008년 득표율의 40%가량을 잃었고 외려 '국민당'이 압승을 거뒀다. 즉 15M운동의 불길이 강하게 일어났지만, 제도정치는 보수화되고 기성좌파가 몰락하면서 변화의 불씨는 꺼지기 시작했다.

이때 불씨를 다시 지피고 그것이 장작불이 되고 횃불이 되려면 부패한 제도정치를 바꿀 매개가 필요하다고 생각한 사람들이 전략을 짜기 시작했다. '포데모스'를 준비하던 사람들은 현실정치에 개입할 자원이 부족했기에 토크쇼 제작과 같은 미디어 전략을 적극적으로 구상했다. 그리고 기존 정당의 권한을 과감하게 공유하려 했다. 이글레시아스는 "후보를 시민들과 공개적으로 선택하는 것이 우리에게 유리하도록 정치판의 힘의 균형을 무너뜨릴 거라고 생각했다". '포데모스'는 기성정당이 독점해온 정치인의 후보지명권을 시민들과 공유하고 특권을 포기하고 진짜 민주주의를 내부에서부터 실현하겠다는 선언, 시민들에게 그런 사실을 알리는 대중적인 행진으로 호응을 이끌어냈다.

한편으로 미디어 전략을 적극적으로 구사해서 '적-기득권층'과 '동지-민중'을 구분하는 틀을 명확하게 세웠고, 다른 한편으로는 기초조직(시르쿨로스)을 만들기 시작했다. 2014년 1월에 분노를 모아 정치를 바꾸자는 선언이 발표되면서 2014년 1월 16일에 '포데모스'가 창당했다. '포데모스'는 2014년 11월 시민의회Citizens' Assembly라 불린 창립총회를 거치며 정당의 형태를 갖추기 시작했고, 스페인 전역에 300개 이상의 기초조직을 만들었다. '포데모스'는 기존의 좌파/우파 프레임을 거부했고, 기득권층을 '카스트'라고 비난하며 반부패와 시민참여, 정부투명성을 강조했다.

우리에게 맞서며 기득권을 빼앗기지 않으려는 세력이 누구인지를 분명히 밝히고, 그런 기득권에 맞서려는 우리는 대체 누구이고 무엇을 할 것인가를 공유하는 장을 만들면서 '포데모스'는 첫 선거부터 좋은 성적을 거뒀다. 2014년 5월 25일, 포데모스는 유럽의회 선거에서 총 1,200,000표(전체 득표율의 7.98%)를 얻어 스페인 몫의 54석 중 5석을 얻었다. 그리고 2015년 12월 20일, 스페인 총선에서는 21%의 득표율로 총 350석 중 69석을 얻어 스페인의 제3당이 되었다.

제3당이지만 '포데모스'의 전략적인 위치는 나쁘지 않았다. 2015년 12월의 총선에서 '국민당'이 123석, '사회노동당'이 90석, '포데모스'가 69석, 중도우파 '시민당'이 40석을 얻었다. 스페인의 법상 절대과반수를 확보하지 못한 정당은 반드시 연정으로 정부를 구성해야 한다. '국민당'이 과반수를 얻지 못하고 연정이 무산되어 다시 실시된 2016년 6월의 총선에서는 '국민당'이 137석, '사회노동당'이 85석, '포데모스'와 '좌파연합'의 연합이 71석, '시민당'이 32석을 얻었다. 2015년 12월 총선 때와 마찬가지로 '국민당'은 단독으로 집권할 수 없기에 연정상대가 필요한데, 지지율이 대폭 낮아진 '사회노동당'은 '국민당'과의 연정을 부담스러워하고 '포데모스'는 국민당의 소멸을 원하는 정당이라 연정 자체가 불가능하다. 그리고 '포데모스'처럼 정치 부패를 비판하며 전국정당으로 부상한 '시민당'도 부패한 '국민당'과의 연정을 꺼린다. 그래서 현재까지도 스페인에는 정부가 수립되지 않고 있다.

아마도 한국이었다면 난리가 났을 것이다. 국무총리 인준만

안 되어도 나라가 망하는 것처럼 호들갑을 떠는 곳이지 않는가. 그렇지만 스페인의 분위기는 평온하다. 스페인에서 만난 '포데모스'의 주의원은 "이렇게 정부 구성이 늦어져도 괜찮은가" 하는 질문에, 지금 우리가 겪고 있는 모든 문제들이 정부 때문에 발생했기 때문에 전혀 불안하지 않고 오히려 없는 게 낫다고 생각한다고 웃으며 대답했다. 이 말은 사회보다 국가를 앞세우는 한국의 상식과 달랐고 스페인 사회에 스며든 아나키즘의 전통도 느끼게 했다. 국가를 두려워하지 않는 사회야말로 근본적인 변화의 출발점이 아닐까?

'포데모스'의 활동과 함께 유명해진 지역정치연합체인 '아오라 마드리드'와 '바르셀로나 엔 코뮤'는 선거를 위해 구성된 지역정당이며, 기성정당과 사회운동단체의 연합체이자, 시민참여를 보장하는 플랫폼이다. '포데모스'는 2015년 지방선거에서 기초자치단체의 경우 단독후보를 내지 않는다는 결정을 총회에서 내렸고 '아오라 마드리드'와 '바르셀로나 엔 코뮤' 등의 정치연합체에 적극적으로 동참했다. 그 결과 마드리드에서는 '아오라 마드리드'가 31.85%를 득표해 시의회 총 57석 중 20석을 차지한 제2당이 되어, 9석을 차지한 '사회노동당'과 연정을 구성하고 마누라 카르메나Manuela Carmena를 시장으로 만들었다. 바르셀로나에서는 '바르셀로나 엔 코뮤'가 25.21%를 득표해 시의회 총

41석 중 11석을 차지했고, 다른 3개 정당과 연합해 '빠'의 대변인이던 아다 콜라우Ada Colau를 시장으로 만들었다.

두 곳 모두 선거에 이겨서 부패한 기득권층을 응징하겠다는 의도를 분명히 밝혔다. 한마디로 이기는 선거를 준비하기 위한 정치연합이었다. 그런데 기존 좌파 세력만으로는 선거에서 이기는 건 불가능했다. 그래서 이들은 '진짜 민주주의'를 구호로 내세우면서 시민참여를 중심에 둔 정치과정을 꼼꼼하게 설계했다.

이들은 다른 정파를 배제하며 단독행동을 앞세웠던 구좌파의 몰락을 겸허하게 받아들였다. '아오라 마드리드'는 후보명부(스페인의 선거제도는 정당명부식 비례대표제이다)를 결정하는 과정에서부터 시민들을 참여시켜 1만 6천 명이 이 과정에 참여했다. '바르셀로나 엔 코뮤' 역시 후보를 결정하고 선거공약을 정하는 과정에 시민들을 참여시켰다. 형식적인 참여가 아니라 시민들이 실질적인 결정권을 행사하도록 했다. 이런 과정은 한번 해보고 안 되면 관두는 사업이 아니라, 두 조직과 '포데모스'의 가장 중요한 목표였다. 즉 특정한 정치조직이 권력을 장악하는 것보다 훨씬 더 중요한 목표는 시민들이 권력의 주체임을 자각하고 스스로 정치무대에 오르도록 해서, 누가 권력을 잡든 예전의 기득권 정치로 되돌릴 수 없도록 만드는 것이었다.

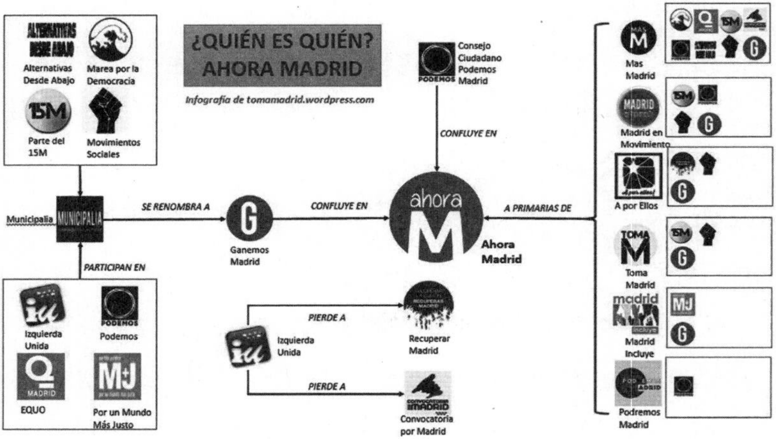

'아오라 마드리드' 조직구성도.
포데모스를 비롯한 여러 조직들의 연합체임을 알 수 있다.

당연히 선거 이후에도 시민참여와 시민의 결정권한을 보장하는 것이 조직들의 중요한 과제였다. '아오라 마드리드'는 시장 당선 이후에 오프라인 토론모임인 코디네이션 테이블Mesa de Coordinación을 두고 다양한 시민의견들을 수렴하고 있다. 하나의 조직이 아니라 토론과 조정, 협의를 담당하는 컨플루언샤confluencia가 시민들의 논의를 모으며 조직의 운영을 담당하고 중요한 결정은 총회에서 내려진다. '아오라 마드리드'는 시민참여정부open government를 조직의 '이념'로 내세우고, 다양한 경로로 시민들이 시와 시의원을 통제하도록 한다. '바르셀로나 엔 코뮤'도 시 전체에 20개의 구역모임과 17개의 주제별 위원회를 운영하면서 시민참여를 활성화시키고 있다. 가장 중요한 총회El Plenario에는 약 1,500명의 사람들이 3개월에 한 번씩 참석해 중요한 결정을 내리고 있다.

많은 사람들이 참석해서 결정을 내려야 하기에 당연히 힘들고 지칠 수 있지만, 스페인에서 만난 활동가들의 자부심은 대단했다. '아오라 마드리드'의 활동가는 다음 선거에서 승리하지 못하더라도 이미 관계를 맺은 사람들이 있기에 언제든 다시 시작할 수 있다고 자신했다. 승리의 경험이 사람들의 자존감을 높이고 있었다.

우리는 민주주의가 언제나 효과적이고 효율적이어야 한다고 믿는다. 그렇지만 민주주의는 과정의 효율성보다 참여자의 효능감에 주목하고, 시행착오를 통해 시민들이 스스로 성장하도록 돕는 체계가 아닐까. 아니, 비효율적인 듯 보이지만 전체가 공감하고 공유하는 합의과정을 통해 실제로는 정책결정의 효율성을 높이고 시민의 힘을 효과적으로 발산하도록 하는 체계가 아닐까. 이렇게 보면 우리가 지금껏 배워온 민주주의는 진짜 민주주의가 아니고, 그래서 우리가 항상 패배감에 시달리는 건지도 모른다. '뭣이 중헌지' 모르면서 각자 편리한 대로 민주주의를 주장해 왔다.

한국에서도 다양한 사회운동들이 등장하고 사라졌고 그 운동들이 제도정치에 많은 영향을 미쳤지만 제도정치의 틀 자체를 바꾸지는 못했다. 1960년 4월 혁명이나 1987년 6월 항쟁은 변화의 물꼬를 텄지만, 그 물꼬의 방향을 결정할 권한을 기성정치권에 넘겨줘버렸고 결국 기득권 정치세력이 입맛에 맞는 헌법을 개정하며 정치의 방향을 정했다. 그리고 그동안 운동권의 인물들이 제도정치에 등용된 적은 자주 있었지만, 그들은 기득권 정치를 바꾸지 못하고 거기에 동화되어 버렸다. 그래서 한국사회에서 정경유착이나 부패는 아직도 정치개혁의 주요한 화두이다. 부패의 고리를 끊으려면 무엇이 필요할까?

2. 그들은 왜 윤리강령을 만들었나?

우리가 진짜 민주주의 사회로 가기 위해 풀어야 할 가장 중요한 숙제는 무엇일까? 최근 한국에서는 민주시민교육이나 민주적인 의사소통과 관련된 교육들이 인기를 끌고 있다. 그런데 아무리 시민들이 민주주의를 학습하더라도 배운 바를 실제로 활용하며 몸에 익힐 장들이 없으면 그것은 무용지물이 되기 쉽다. 더 나쁜 경우에 경험 없는 학습은 "뭘 해도 다 소용없다"는 냉소주의를 낳을 수도 있다. 그런 점에서 중요한 것은 소수가 독점하고 있는 사회의 주요 결정권한들을 탈환해서 시민들이 사용할 수 있도록 만드는 것이다.

스페인의 15M운동은 양당구조로 인한 기득권층의 나눠먹기식 장기집권과 부패에 대한 시민들의 분노를 자극했다. 15M운동은 스페인의 경제위기를 우연한 사고가 아니라 자본주의의 구조적인 모순에서 찾았고, 그 모순을 심화시킨 것이 기득권층이라고 봤다. 이 모순을 극복하려면 장기집권에 따른 부패를 없애고 또 다른 부패를 막을 구체적인 방법이 필요했다. 그리고 새로운 정치조직들은 외부의 부패를 비판할 뿐 아니라 내부의 부패를 막을 방법을 제시해야 했다. 우리는 깨끗하니 믿어주세요, 따위의 반응은 냉소의 벽을 넘어설 수 없다.

그런 점에서 '포데모스'와 '바르셀로나 엔 코뮤', '아오라 마드리드' 모두에서 강조되는 것은 바로 '윤리'ethic이다. 시민들이 토론하며 만든 윤리강령ethical code(규약이나 규정보다 훨씬 강력한 의미이기에 강령이라 번역했다)은 정치인과 공직자들의 책임과 의무를 세세하게 밝힌다. 윤리강령은 많은 조항들로 정치인의 활동을 옥죄는데, '통제'보다는 '시민의 참여'를 위해서라는 점이 특징이다.

'포데모스'의 윤리강령은 다음과 같다.

1. 어떠한 폭력에도 맞서고 갈등을 평화롭게 해결하기 위해 사회, 정치, 제도의 면에서 세계인권선언을 지킨다.
2. 정책결정과정과 정책집행에 모든 시민이 직접, 그리고 평등하게 참여할 수 있도록 돕는다.
3. 민중의 민주적인 주권을 회복하기 위해 일한다.
4. 모든 종류의 인종주의, 외국인 혐오, 남성 우월주의나 성별 또는 성적 지향에 따른 배제와 싸우고 사회와 '포데모스' 내부의 평등을 강화시킨다. 그리고 '포데모스' 내부의 여성 정치참여를 활성화하고, 당의 모든 행사에서 보육 서비스를 제공한다.
5. '포데모스'에의 가입은 자유롭고 자발적이며, 사회적인 지위와 상관없이 모든 이에게 항상 열려 있다. 세계인권선언과 민주적인 시민

참여방법을 지지한다.

6. 관점이 다르더라도 대화하고 합의를 추구하면서 모든 의견에 관해 정직하게 논쟁하고 서로를 존중한다.
7. 대의정치(자치구, 시, 주, 국가, 유럽의회 기타)에 나설 후보의 선출은 양성평등[원칙]에 따른 변경을 제외하면, 명부를 공개하고 모든 시민이 참여하는 공개경선을 통해 결정되어야 하고 그 결과는 존중되어야 한다. [공직 임기] 중간에 탈당하는 것을 금지하고, 공직자가 모든 시민의 참여를 보장하는 방식으로 역할을 수행하지 않는다면 '포데모스'에 속할 수 없음을 분명히 밝힌다.
8. 선거 이전과 선거 이후의 정치연합은 어떠한 형태이든 대의제도의 모든 단계에서 시민과의 완전한 공개 토론을 통해 민주적으로 승인되어야 하고 그 결과를 존중해야 한다.
9. 모든 선출직 공무원은 오로지 대리인으로 간주되고, 공개적이고 민주적인 참여방법에 따라 자신을 뽑아준 사람들의 요구를 받아 모든 결정들을 내리라는 요구를 받고 그것을 존중한다.
10. '포데모스'는 재정을 관리할 때 영리기관의 금융상품에 참여하지 않는다. 다시 말하면 은행을 통한 자금조달은 명백히 금지된다.

이것 외에도 '포데모스'의 윤리강령에는 부패를 막기 위해 정치인의 월급이 최저임금의 3배 이상을 넘어서는 안 되고, 정치인의 모든 특권을 포기하며, 공직을 마친 뒤에도 정치활동과 관련된 기업의 중역을 맡거나 전략적인 부문이나 국가경제에서 중요한 기업의 이사가 되는 것을 10년 동안 금지한다는 내용이 담겨 있다. 그리고 모든 공직이나 당직은 2선 8년으로 제한되고 예외적인 경우에만 12년으로 연장될 수 있다. 한국에도 깨끗한 정치, 부패하지 않는 정치를 내세운 사람들은 있었지만 시민과의 토론을 거쳐 이런 윤리강령이 만들어진 경우는 없었다.

'포데모스'만 이런 윤리강령을 가진 건 아니고 '아오라 마드리드'와 '바르셀로나 엔 코뮤'도 비슷한 윤리강령을 가지고 있다. 각 조직의 윤리강령에서 공통점을 뽑아서 몇 가지로 정리할 수 있다.

첫째, 대표체계의 민주화와 책임성.

정치인이 시민의 말을 잘 들어야 한다는 당위를 넘어 정치인은 자신이 얻는 정보를 시민들에게 적극적으로 공개하고 관련된 논의를 공유해야 한다. 즉 정치인은 대의민주주의 선거과정을 통해 당선되었지만 정책결정과정을 직접민주주의로 만들 책임을 지고 있다. 모든 공직자는 지역구 내의 시민참여를 촉진시켜야 한다. 특히 '아오라 마드리드'나 '바르셀로나 엔 코뮤'의 경우, 정치인은 자신이 누구를 만나고 무슨 이야기를 나눴는지도

매주 공개해서 시민들이 그런 정보를 공유하며 자신을 견제하거나 결정권을 행사하도록 한다. 이처럼 필요하다면 대표를 두지만 대표가 마음대로 결정할 수 없도록 윤리강령은 강력하게 대표를 규제하고 있다.

또한 윤리강령은 기존의 정치과정에서 배제되거나 약자의 처지에 놓인 사람들과 접촉하고 그들의 제안을 듣고 그들에게 정책을 설명하는 역할을 정치인에게 강제한다. 진짜 민주주의는 '모두를 위한' 명목상의 민주주의가 아니라 배제된 소수를 위한 실질적인 민주주의이다.

둘째, 부패 방지장치.

정치인은 자신이 가진 법적 특권이나 경제적인 특권을 포기해야 하고 공직을 떠난 뒤에도 일정 기간 동안 기업의 임원이 될 수 없다. 월급에는 상한선이 있고, 구체적인 액수는 맡고 있는 책임에 따라 조절된다. 개인적인 이권이든 정당의 이해관계이든 부패와 연루되면 즉각 사퇴한다. 또한 정치인은 특별한 이유가 없는 이상 2선 8년제에 따라 교체된다. 모든 권력은 부패한다는 말이 있듯이, 부패하지 않으려면 권력은 순환되어야 한다. 자연스럽게 순환되는 방법도 있겠지만 강제로 순환될 수 있는 체계도 필요한데, 윤리강령은 그런 내용들을 담고 있다.

셋째, 급진적인 공간.

윤리는 사람들이 서로 마주볼 때 타자의 얼굴을 통해 형성된다. 그래서 무인도에 홀로 사는 사람에게 도덕은 있을지언정 윤리는 있을 수 없다. 윤리는 타자를 전제하고 관계를 통해 형성된다. 직접 얼굴을 맞대지 않는 생산자와 소비자는 서로를 윤리적으로 대할 수 없고 그럴 필요도 없듯이, 만나지 못하는 곳에서는 윤리가 형성될 수 없다. 15M운동이나 그 이후의 정치운동은 익명의 정치공간, 밀실의 공정한 타협을 원하지 않았고, 대부분의 정치결정이 공개된 정치공간에서, 총회에서 내려지도록 했다. 그리고 그 공간에서 시민들은 서로를 대면하고 서로의 차이를 경험하고 그 차이를 논쟁하거나 그 자체를 받아들이는 경험을 쌓아간다. 그러면서 서로 연대한다. 이만큼 급진적인 공간이 있을까?

공간을 '거점'으로 생각하는 한국 문화와 달리 스페인의 운동은 공간을 '점유의 대상'으로 생각했다. 즉 공공장소의 대여이든 무단점거이든 필요한 공간이 있으면 그때 그때 활용한다. 그만큼 공간이 유동적이고 사람들의 동선과 필요에 맞추기 쉽다. 한국에서는 일단 자기 공간을 만들고 그곳에 사람들을 불러들이려 노력하지만, 새로운 정치의 공간은 불러들이는 공간인 동시에 찾아가는 공간이기도 하다. 찾아가지 않으면 만날 수 없는 사람들도 존재하기 때문이다. 그리고 인터넷 공간을 활용해 접근

가능성을 더욱더 높인다.

이런 점에서 윤리강령은 단순한 지침이 아니라 새로운 정치의 방향이다. '포데모스'를 비롯한 정치조직들의 윤리강령도 인상적이지만, 사회운동들도 새로운 조직원리들을 고민하고 있었다. 바르셀로나 시장이 소속되었던 단체인 '빠'는 대표나 상근활동가, 사무실이 없다. 대표가 없기에 한 사람이 특정한 역할을 계속 맡으면서 생길 수 있는 권력도 없다. 그리고 상근활동가 없이 총회에서 역할을 맡기로 결정된 사람들이 단체의 활동을 돌아가면서 나눠 맡는다. 별도의 사무공간 없이 공공시설의 회의실이나 지역단체의 공간을 공유한다. 그래서 단체를 운영하는 비용도 거의 들지 않고, 특정한 사람이 재정을 책임진다는 이유로 지나친 권력을 행사하지도 못한다. 대표나 직책, 사무국이 생기면 사람들이 평등하게 정보를 공유하며 결정을 내릴 수 없게 된다고 '빠'는 생각한다. 참여하는 사람들이 서로 배우고 가르치는 것이 진짜 민주주의라는 것이다.

스페인에서 만난 '빠'의 활동가들은 "강제로 쫓겨난 사람들이 직접 은행에 가서 협상할 수 있도록 얘기를 나누고 같이 은행에 가서 옆에서 도와주기도 해요. 하지만 우린 해결사가 아니에요. 이게 핵심이에요"라고 말했다. 즉 '빠'는 집에서 쫓겨날 위기에

“강제 퇴거 중단”을 외치며 거리로 뛰쳐 나온 ‘빠’의 지지자들.

처한 사람들과 '같이' 싸우는 단체이지 '대신' 싸워주는 단체가 아니다. 삶을 지킬 최후의 보루라고 할 수 있는 집에서 쫓겨나는 사람들에게 자존감을 지키며 싸울 수 있는 방법을 알려주고, 그들을 대신해서for them가 아니라 그들의 곁에서with them 싸우며, 그들 스스로가 또 다른 사람에게 '빠'와 같은 존재가 되도록 하는 것, 이것이 '빠'의 운동방식이다.

이런 관점이 예전에 없던 사회운동방식은 아니다. 한국의 노동야학운동이나 빈민운동, 풀뿌리운동에도 이런 관점이 스며들어 있다. 그렇지만 한국의 사회운동조직들이 이미 망각했던 또는 망각하고 있는 원칙들을 '빠'는 다시 소환하고 있다. 활동가가 몇 명이냐는 질문에 '마드리드 빠'의 국제연대활동가는 "우리는 수백만 명"이라고 답했다. 그 말을 들으며 정말 그럴지도 모른다는 생각이 들었다.

위에서 살펴본 것처럼 스페인의 새로운 정치운동과 사회운동은 부패라는 문제를 외부만이 아니라 내부에서도 찾고 있었다. 물론 지금 하고 있는 실험들이 정답이라고는 볼 수 없다. 다만 권력의 부패라는 조직운동의 오랜 숙제를 풀기 위해 내부 부패의 가능성을 차단하고 일상에서 민주주의가 실현되도록 익숙한 관행을 '스스로' 벗어던지고 있다는 점은 높이 살 만하다. 이 운동은 부패한 스페인 사회를 개혁하려면 자기 자신도 변화되어야 한다는 점을 깨닫고 있었다.

이런 이유로 스페인의 정치운동에서 윤리가 부각되었다고 생각한다. 부패에 맞서고 부패를 예방하는 장치로서 윤리는 유용하다. 윤리는 일방향의 것이 아니라 쌍방향의 것이라는 점에서 상호적이다. 윤리는 상대에게 강요하는 것이 아니라 내 자신 스스로에게도 적용되는 것이기 때문이다. 그래서 윤리강령들은 썩은 정치를 바꾸려면 우리 자신도 투명해져야 한다고 강조한다. 과거의 혁명에서는 정치가 윤리를 만들어냈다면, 지금 스페인에서는 윤리가 정치를 조절하고 있다. 아직 1년밖에 안 되었기에 그 성패를 쉽게 점치기 어렵지만 이것은 분명 어떤 전환점을 가리킨다.

또 하나, 윤리가 더 돋보이는 것은 단지 기득권과의 관계만이 아니라 사회가 위기와 전환의 과정에 놓여 있기 때문이기도 하다. 무너진 사회의 신뢰관계를 어떻게 회복할 수 있을까? '포데모스'나 '아오라 마드리드', '바르셀로나 엔 코뮤'가 강조하는 윤리는 초월적인 윤리가 아니라 세속적인 윤리로 구체적인 내용을 '지시'하지 않는다. 구체적인 목표나 이념을 설득하기보다는 넘지 말아야 할 기본적인 합의를 뜻하고 그런 과정을 통해 사회의 무너진 신뢰를 다시 세우려는 목적을 가지고 있다. 즉 그들은 사회를 재건하기 위해 정치권력을 활용하고 있었다.

3. 선거를 뛰어넘은 선거전술

'포데모스'나 '아오라 마드리드', '바르셀로나 엔 코뮤' 모두 정당으로서 선거에 적극적으로 임했다. 이유는 단 하나, 선거에 이겨서 부패한 기득권 정치를 갈아엎기 위해서였다. '바르셀로나 엔 코뮤'의 원래 명칭은 '구아니엠 바르셀로나'guanyem barcelona(승리 바르셀로나)였고, 이들은 '복종함으로써 통치한다'governing by obeying를 가장 중요한 정치원리로 내세웠다. 지금까지는 통치하는 자와 복종하는 자가 완전히 분리되었지만, 시민이 정치주체임을 자각하고 성장하면 통치자와 복종하는 자의 경계는 점점 사라질 수밖에 없다. 이런 시민 주체화 프로그램을 실제로 구현하는 것만이 대안이라 생각한 '바르셀로나 엔 코뮤'는 스페인 전역에 '구아니엠' 운동을 제안했다.

'바르셀로나 엔 코뮤'는 기득권 정치에 맞서려는 사람들을 위해 「승리를 위한 간단한 지침서」Handy Guide to setting up a Guanyem를 나눠줬는데, 이 지침서는 승리를 위해서는 한 정당이나 정치세력이 아니라, 다양한 정당들과 정치세력들이 새로운 정치를 위한 플랫폼에 모여야 한다고 밝혔다. 이 지침서는 다음과 같이 몇 가지 단계를 밝힌다.

1. 시작하는 방법: 기성 체제의 위기를 감지하고 지역의 공공기관들을 바꾸기 위해 연합후보를 낼 시민 플랫폼을 만들고 싶어 하는 사람들을 모은다. 이 플랫폼의 목적은 지역의 공공기관들을 통제하는 것을 넘어서 도시를 되찾으려는 과정을 함께 시작하는 것이다. '승리'라는 말은 지역적이고 투명하고 참여를 보장하며 책임성 있는 정책을, 즉 현재의 사회·정치적인 위기에 맞서기 위해 더욱더 공정하고 재분배를 지향하며 지속가능한 정책을 실현할 새로운 방법을 시도하는 것을 뜻한다.
2. 이 과정은 지역주민들의 승인을 받아야 하고, 정통성을 확보하기 위해 주민과 상의하고 주민들에게 들으면서 진행되어야 한다. 이 작업은 구체적이고 실현가능한 목표들을 두고 진행되어야 하고, 대표자와 시민들의 새로운 '윤리강령' 또는 협약은 더욱더 민주적인 방식으로 경제위기에서 탈출하도록 도울 것이다.
3. 조직구조는 수평적이며 투명해야 하고, 효율성이나 조직관리의 측면은 최소화시킨다. ① 원하는 사람들이 참여할 수 있는 실행위원회(각 위원회마다 두 명의 대리인이 코디네이션 팀에 참여), ② 정책을 제안하고 선거초안을 잡는 정책그룹(가능한 각 의제당 두 명의 대리인들이 정책위원회를 구성), ③ 사무처 역할을 맡는 코디네이션 팀(각 실행위원회가 정한 두 명의 대리인들, 대변인, 지원팀으로 구성), ④ 앞서 얘기한 모든 구성원들을 지명하는 가장 중요한 총

회(효율성과 실행가능성을 위해 참여는 제한될 수 있다. 총회 구성 방식은 각 지역의 현실에 맞게 바꿀 수 있지만 시민참여를 보장하면서 후보들을 연합시켜야 한다)를 둔다.

4. 플랫폼의 작동은 투명하고 민주적이어야 한다. 즉 이 기획을 도우려는 모든 시민들과 시민사회운동단체들에 열려 있어야 한다. 이 플랫폼에서는 조직의 대표자들이 지분을 보장받지 않고 개인들의 이름으로 참여한다. 결정은 합의를 따르고 문서로 남겨져야 한다. 실행위원회와 정책그룹들은 자신들의 활동과 관련된 결정을 내릴 수 있지만, 다른 중요한 결정들은 모든 실행위원회와 정책그룹들이 2주일 또는 달마다 모이는 총회에서 내려진다. 그리고 코디네이션 팀이 총회와 총회 사이에 긴급한 결정들을 내린다. 이런 과정은 민주적이고 투명해야 하며 성차별과 인종차별, 권위주의, 성적인 혐오, 폭력 등을 인정하지 않는다.
5. 재정은 투명하고 공정하게 마련되어야 한다. 은행으로부터 선거자금을 받지 않고 평범한 시민들에게서 모금한다(스페인의 은행들이 정치인들에게 선거자금을 빌려주고 상환을 요구하지 않는 방식으로 부패를 조장했기 때문에, 은행에 대한 분노가 매우 높다).
6. 이 플랫폼은 각 지역마다 하나씩이어야 한다. 만약 급진적인 후보자가 한 명 이상이라면, 플랫폼은 구체적인 목표와 제안들로 사람들을 끌어 모으고 지방선거에서 서로 경쟁하지 않고 협력하도록 모

든 노력을 다해야 한다.*

이 지침서에서 드러나듯이, 선언문은 단순히 선거승리가 아니라 시민들이 지역에 관한 권리를 되찾도록 투명하고 공정한 참여를 보장하고 시민에게 책임지는 정치과정을 만드는 것을 목표로 삼는다. 그리고 그런 목표를 실현하려면 목표를 추진하는 조직도 그 목표에 맞게 구성되어야 한다고 밝힌다. '바르셀로나 엔 코뮤'는 총회가 있는가 없는가의 차원이 아니라, 총회가 실질적인 권한을 가지고 운영되려면 어떤 준비를 해야 하는지를 잘 알려준다. 한편으로 지역마다 만들어진 위원회들이 지역주민들의 의견을 모으고, 다른 한편으로는 의제를 다루는 정책그룹들이 지역 내의 또는 지역을 넘어선 의제들을 다룬다. 이 의견들은 총회와 각 위원회/정책그룹을 연결하는 코디네이션 팀을 통해 소통되고 총회가 이를 결정하고 지역총회가 다시 이 결정을 검토한다. '바르셀로나 엔 코뮤'에는 20개의 지역모임과 17개의 주제별 위원회가 구성되어 있고, 40명이 참여해서 일주일에 한 번 열리는 코디네이션 모임, 약 1천 5백 명 정도의 사람들이 3개월에 한 번씩 참여하는 전체총회가 있다.

---

* https://drive.google.com/file/d/0B7uvEZ_zV-15NnRCVWdMRWdWYkE/view

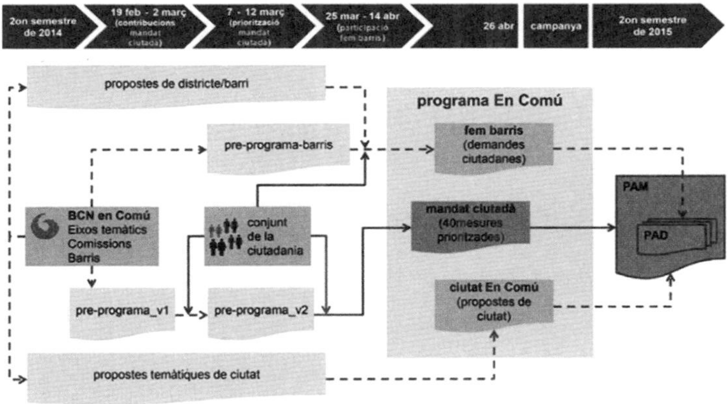

'바르셀로나 엔 코뮤'의 의사 결정 과정.
시민들이 지역과 의제에 관해 의견을 제안할 수 있다.

이런 과정이 스페인만의 독특한 과정은 아닌데, 참여민주주의로 유명한 브라질 포르투알레그리 시의 주민참여예산제도도 비슷한 구조를 가지고 있다. 16개의 지역별 총회와 6개의 주제별 총회로 이원화되어 있고, 이를 매개하는 참여예산평의회가 있다. 지역별 총회는 지역을 잘 아는 주민들이 직접 참여하기에 좋고, 주제별 총회는 관련 의제를 잘 아는 단체들이 참여하도록 한다. 이런 구조는 참여자들이 더 세밀하고 더 넓게 보도록 서로를 자극할 수 있다. 지역과 의제를 구분하되 함께 논의하는 구조는 인류가 발전시켜온 민주적인 논의방식이다.

다만 스페인은 전체총회를 더욱더 활성화하기 위해 온라인 플랫폼을 적극적으로 활용한다. 예를 들어, '바르셀로나 엔 코뮤'에는 'Participa'라는 온라인 플랫폼이 있어 중요한 결정을 내리고 투표를 하거나 전략적/분야별 주제에 대한 상담을 진행한다. 현재 이 플랫폼엔 15,000명이 등록되어 있다. 등록된 사람들은 온/오프라인으로 안건 투표를 할 수 있다. 2016년 10월 '바르셀로나 엔 코뮤' 홈페이지에 가면 시민들이 1만 개 이상의 제안을 하고 16만 5천 명 이상의 지지를 받고 토론을 거치면서 1,467개의 제안으로 정리되었다는 설명을 볼 수 있다.

지금까지 봤듯이 '바르셀로나 엔 코뮤'는 선거에서 이기기 위한 정치연합체이지만, 기득권 정치인을 새롭고 참신한 대표로 바꾸는 것보다 정책결정과정을 투명하게 만들고 시민참여를 보장하며 정치인들에게 결정에 대한 책임을 묻는 방식으로 전환시키겠다는 목표를 세우고 있다. 이것은 선거에 참여하지만 선거를 통해 대의민주주의를 뛰어넘으려는 전략이다. 그리고 이글레시아스는 "'포데모스'의 소위 근육조직은 시민사회의 가장 발전된 부문들을 정치개혁이라는 더 폭넓은 기획과 연결시킬 능력을 가졌기 때문에 정당조직의 틀을 훨씬 넘어섰다. 영향력 있는 정당이 되기 위해 '포데모스'는 시민사회의 핵심활동가들이 필요했다. 선거에 이기려면 이런 정책결정과정이 공개투표를 통해 더 폭넓게 연계되는 것이 필요했다"고 말한다.*

그리고 이런 전략에 바탕을 두고 아다 콜라우 시장은 당선 이후 1년 동안 다음과 같은 주요 정책들을 실시했다.

— 1억 유로의 [시정부] 흑자를 사회정책을 위해 사용하는 것.
— 민영화된 공공서비스를 되돌리는 것(공립유치원, 의료 등).
— 공공주택을 늘리고, 비어 있는 아파트를 소유한 은행에게 벌금을 부과하는 것.
— 에어비엔비 등 무허가로 운영되는 관광용 아파트를 관리하기 위한

* Pablo Iglesias, 앞의 책, 192쪽.

특별도시계획을 짜는 것.

— 투명성 부서를 만들고 실천하는 것.

— 난민들을 위한 도시 바르셀로나, 난민들에게 열려 있는 도시를 만드는 것.

— 더 공정한 새로운 재정법 추진.

— 빈곤의 여성화 반대, 여성폭력 반대, LGBT(성 소수자)의 평등을 보장하는 것.

— 10개의 새로운 공립유치원, 7천 명 정도의 아이들을 위한 급식 보조금을 강화한 것.

바르셀로나 시민의 조직된 역량은 아다 콜라우와 '바르셀로나 엔 코뮤'를 통해 의제에 대한 공감대를 확산시키고 요구안을 관철시키고 있다. 이런 성과는 선거 승리라는 결과를 넘어섰다.

"선거를 통해 선거를 뛰어넘겠다"는 전략은 '아오라 마드리드'가 만들어지는 과정에서도 드러났다. '아오라 마드리드'라는 정당은 지역정당(스페인의 정당법상 지역에는 의석 없는 소수정당들도 많이 있다)과 사회운동단체들을 연합한 '가네모스 마드리드' Ganemos Madrid와 '포데모스 마드리드'가 연합해서 만든 정치연합체이다. 보통 단체들이 연합하면 각자의 세력을 비교해 지분을 나눠서 후보자들을 결정하곤 하는데, '아오라 마드리드'는 '가네모스 마드리드'와 '포데모스 마드리드'가 제출한 후보명부를 놓고 시민들이 각 명부에서 선호하는 사람들에게 순서대로 투표하도록 했다. 이 투표 시스템은 장단점을 동시에 가지고 있는데, 장점은 모든 시민들이 후보선출과정에 참여할 수 있고 후보가 많아서 정치에 대한 시민의 관심을 불러일으킬 수 있다는 점이고, 단점은 잘 알려진 인물이라도 지지를 얻지 못할 경우 후보가 될 수 없다는 점이다. '아오라 마드리드'는 몇몇 지도자나 정치인이 독점해온 정치시스템을 바꾸려 했기 때문에 이 투표 시스템을 도입했고 실제로 1만 6천 명의 시민들이 투표에 참여했다.

앞서 윤리강령을 얘기했듯이 "우리는 부패하지 않았다, 우리는 부패하지 않는다"는 선언만으로는 시민의 마음을 사로잡을 수 없다. '아오라 마드리드'는 자신의 청렴함을 선언이 아니라 내부를 투명하게 공개해서 증명했고, 시민들은 지지로 이에 답했다. 후보명부를 결정하는 데 참여한 사람이라면 자신이 선택한 좋은 후보자가 당선되기를 원하지 않을까? 이를 통해 기존 조직들보다 훨씬 많은 수의 사람들이 '아오라 마드리드'의 지지자가 될 수 있었고, 실제로 그랬다.

지난 26년 동안 마드리드 시에서는 '국민당'의 후보가 계속

시장에 당선되었고, 이전 시장 역시 '국민당' 소속의 부패한 여성시장이었다. '아오라 마드리드'는 이에 맞설 수 있는 전략적인 인물이 과거 프랑코 독재에 맞서다 테러를 당한 판사 출신의 마누라 카스텔라라고 봤다. 특히 마누라는, 26년 동안 '국민당'을 지지해왔지만 그 부패에 눈살을 찌푸리는 보수적인 시민들의 지지도 얻을 수 있는 인물이었다. 그래서 '아오라 마드리드'는 마누라에 초점을 맞추는 선거전략을 짰고 높은 지지율을 얻었다.

마누라 시장 당선 이후 마드리드 시청에는 소프트웨어 개발자 출신의 파블로 소토Pablo Soto 시의원이 담당하는 시민참여국, 정부투명성, 정보공개국Citizen Participation, Transparency and Open Government Department이 만들어져 '디사이드 마드리드'라는 시민참여 웹사이트(http://decide.madrid.es)를 운영하고 있다. 환경, 도시발전 등을 담당하는 시의 각 부서들이 시민들의 제안이나 의견들을 모으는 과정과 시 예산 중 일부 예산을 참여로 결정하는 과정(우리로 치면 주민참여예산제도이다. 마드리드 시 전체 예산인 10억 유로 중에서 시의 자체투자예산인 2억 중 25% 정도인 6천만 유로를 참여예산으로 결정한다), 크게 두 가지로 구성된 이 웹사이트는 시민들의 많은 인기를 얻고 있다.

이 외에도 정부투명성과 관련해 모든 정보가 웹사이트를 통해 공개되고 있고 시민들이 요구하면 의무적으로 정보를 공개하는 법안도 통과되었다. 시의원들의 재산도 공개되고 의원들의 업무 일정도 모두 공개된다. 이런 과정을 통해 정부에 대한 믿음이 계속 커지고 있다. 정부에 대한 신뢰도가 10% 아래에 머무는 한국의 실정과 비교하면, 정보공개와 시민참여가 신뢰관계의 기본임을 알 수 있다.

그리고 '아오라 마드리드'도 시장 당선 이후에 오프라인 토론모임인 '코디네이션 테이블'을 두고 다양한 시민의견들을 수렴하고 있다. 몇몇 리더가 통솔하는 조직이 아니라 '컨플루엔샤'라는 정치적 연대체로서의 기능이 실행되고 있고, 이 컨플루엔샤는 다양한 영역으로 나눠져 있다. 이를 통해 시민들이 시와 시의원을 관리한다.

'포데모스'도 마찬가지이다. '포데모스'는 400~500개 정도의 기초조직을 가지고 있다. 농촌보다는 대도시에 기초조직이 많은 편이다. 이 기초조직은 '포데모스'를 구성하는 가장 기초적인 단위인데, 개인만이 아니라 지역 단체들과도 긴밀하게 연관되어 있다. 지방선거에서의 연합방침에 따라 '포데모스'는 '빠'나 환경단체, 동물보호단체, 마레아스Mareas(조직은 아니고 특정한 목적을 위해 시위를 벌이는 사람들) 등 여러 단체들과 주민단체, 개인, 정당과 함께 지방선거에 대응했다. 선거전략을 몇몇 리더들이 구상하지 않고 총회에서 결정했다는 점도 인상적이지만, 지역정당이 지역을 담당하도록 하고 '포데모스'가 지역정당과 전국정당, 유럽연합을 매개하며 정치개혁을 진행한다는 점에서 인상적이다.

4. 정치주체와 기술, 미디어는 어떻게 활용되나?

기존의 '국민당'이나 '사회노동당'에 대한 불신과 반감이 컸으며 특히 높은 실업률로 시달리던 청년과 시민들은 새로운 정치를 원했다. 소수의 기득권층이 아니라 모든 사람들이 정치에 참여할 수 있는 정치과정이 요구되었고, 서로 의견을 내고 토론하는 새로운 정치를 시작할 도구가 필요했다.

즉 정당이라는 형식은 스페인 사회를 바꾸는 목적을 달성하기 위한 도구였지 정당을 만드는 것 자체가 목적은 아니었다. 만일 '사회노동당'이나 '좌파연합'이 시민 주체화를 중심에 둔 이런 정치개혁을 받아들였다면, '포데모스'는 등장하지 않았을 것이다. 정당은 다분히 도구적인 관점에서 요구되었다.

'포데모스'의 시작은 이글레시아스와 동료들이 제작하던 인터넷 방송이었고, 어떤 점에서 이글레시아스와 동료들은 자신들이 제작하는 토크쇼 자체가 바로 정당이라고 생각했다. 대부분의 시민들이 텔레비전으로 정보를 얻고 자신들의 의견을 밝히고 있다면, 텔레비전 자체가 서로의 이데올로기를 전파하고 싸우는 헤게모니의 장이자 그런 역할을 수행하는 정당일 수 있다. 이글레시아스는 텔레비전을 자신들의 대항매체로 만드는 과정에서 선거캠페인을 기획하고 정치리더를 알릴 기회가 주어

토크쇼 '라 투에르카'.
포데모스는 이 토크쇼를 유투브와 케이블 방송에 보내서 인기를 얻었다.

졌다고 얘기한다.

'포데모스'를 준비하던 사람들은 프로그램에서 강제퇴거와 부패, 불평등 등에 초점을 맞췄다. 모든 이슈에 개입하는 것보다 스페인 사회의 첨예한 모순을 대변한다고 생각하던 의제에 초점을 맞췄다.

> 예를 들어 우리가 강제퇴거와 부패, 불평등에 관해 이야기하고 국가의 형태(군주제나 공화제)나 역사 기록, 감옥정책에 관한 논쟁에 말려들지 않으려 한 것은 그 사안에 대한 입장이 없거나 우리 입장이 '중도적'이어서가 아니었다. 그보다는 제도화된 권력구조가 없는 상태에서 '좌파의 편에' 속하지 않는 다수의 시민들과 우리를 분리시킬지 모를 논쟁에 집중하는 것이 의미 없다고 생각했다. 다수가 되지 않고서는 공공정책에 개입하면서도 이런 주제에 관해 다른 조건에서 싸울 수 있는 행정구조에 접근할 수 없었다.*

이글레시아스의 토크쇼는 많은 논쟁들에 일일이 참여하는 것보다 기득권 대 민중의 대립구도를 강화시킬 수 있는 쟁점들에 초점을 맞춰 사람들의 인기를 얻었다. 토크쇼는 '포데모스'를 대

---

* Pablo Iglesias, 앞의 책, 188쪽.

중적으로 알리는 계기가 되었다.

2014년 1월부터 유럽의회 선거가 열렸던 그해 5월까지는 선거운동을 책임졌던 소수의 사람들이 '포데모스'를 이끌었다. 마드리드 국립대학교의 강사와 연구자들을 비롯해 '미래 없는 청년'Youth without a Future, 학생운동조직, 프로그램 제작자들과 정치사회단체들, 대안문화운동과 15M의 새로운 투사들이 '포데모스'에 결합했다. 이 집단들은 '포데모스'의 초기 핵심그룹이었고 소셜 네트워크와 텔레비전 쇼, 공개집회나 선전과 같은 소통에 초점을 맞춘 선거운동을 주도했다.

이글레시아스는 15일 안에 5만 명의 추천을 받으면 선거에 나가겠다고 약속했는데, 하루 만에 5만 명이 추천을 했다. 그러자 이글레시아스는 실제로 후보로 나섰고 이것은 나름의 정치적인 사건이 되었다. 재미있는 점은 이글레시아스가 토크쇼 진행자나 이론가로 많이 알려진 데 비해 '포데모스'의 인지도가 높지 않자 유럽의회 선거에서 '포데모스'는 투표용지에 '포데모스'의 로고가 아니라 이글레시아스의 사진을 넣었다는 것이다. '꽁지머리를 한 교수'가 있는 정당이라는 점을 알려 실제로 '포데모스'는 높은 지지를 받았다. 법적인 쟁점도 있겠지만, 한국에서는 찾아보기 어려울 정도의 유연성이라고 할 수 있다.

그렇다고 이글레시아스가 '포데모스'를 좌지우지할 수 있는 인물은 아니다. 이글레시아스는 '포데모스'라는 정당을 알리는 기호記號일 뿐 주요한 결정은 총회에서 내려진다. 한국처럼 '인물을 알리는 것'이나 '조직을 지키는 것'이 절대적인 목표는 아니었다. '포데모스'만이 아니라 다른 사회운동에서도 조직 자체가 중요한 게 아니라 시민의 주체화를 위해 어떤 도구로 사용될 것인가가 더 중요했다.

그런 점에서 '포데모스'나 '아오라 마드리드', '바르셀로나 엔코뮤'를 얘기할 때 빠짐없이 등장하는 것이 소셜 네트워크나 인터넷 플랫폼이다. 실제로 이들 정당의 홈페이지를 방문하면 소셜 네트워크가 매우 활성화된 것을 알 수 있다. '포데모스'의 커뮤니티 매니저는 오프라인 공동체를 관리하는 사람이 아니라 소셜 네트워크를 관리하는 사람이다. 정당만이 아니라 '빠'와 같은 단체들도 강제퇴거가 이뤄지는 집의 주소와 시간을 소셜 네트워크에 올려 은행과 경찰의 강제퇴거를 힘으로 막고 있다. 이들은 왜 소셜 네트워크를 적극적으로 활용할까?

소셜 네트워크의 장점은 빠른 쌍방향 소통이 가능하다는 점이다. 몇 시에 어디에 모이는 것을 알리고 의견을 주고받기에 좋은 매체이다. 그리고 시간과 장소가 맞지 않아 회의에 참석할 수 없거나 충분히 자기 목소리를 내지 못했다고 생각하는 사람들은 웹 기반의 소통을 통해 참여할 수 있다. 더구나 해시태그를 활용하면 집단적인 의견도 빠르게 형성할 수 있다. 이글레시아스는 최근 몇 년 동안 모든 계층이 소셜 네트워크를 쓰는 것은 아닐지라도 공론장에의 접근권을 민주화시키면서 이데올로기 경쟁의 새로운 장을 열었다고 평가한다. 물론 그 힘이 텔레비전을 능가할 정도는 아니지만 공중파 방송에의 접근권이 제한된 정당들은 소셜 네트워크를 적극 활용할 수 있다(한국의 상황도 비슷하다).

그런데 이런 도구적인 관점을 넘어서 지금의 세대, 소위 디지털 네이티브digital native는 웹에 기반해서 다양한 정보와 생각을 나누며 사유한다. 그런 점에서 소셜 네트워크나 인터넷은 빠른 소통만이 아니라 정보의 아카이빙 또는 집단적인 사유의 형태로도 볼 수 있다. 네트워크를 통해 집단지성이 가능해졌듯이, 유럽에서 성장하고 있는 해적당이나 인터넷에 기반한 정당들은 빠른 속도로 성장하고 있다. 아직은 온/오프가 뒤섞여 있고 명확히 구분되지도 않지만 이는 과거와는 다른 정치양식의 출현을 의미한다. 미래를 생각할 때 디지털 네이티브의 정치적인 판단에 영향을 미칠 온라인이라는 이데올로기 장은 정치의 중요한 공간이 될 것이다.

물론 정치주체와 기술의 관계가 무조건 긍정적일 수는 없다. 한국에서는 소셜 네트워크가 이미 맺어진 인간관계를 강화시키도록 활용된다면, 스페인에서는 웹 기반 기술들이 서로 다른 주체들 간의 소통을 촉진하고 다양성을 강화시키는 방향으로 활용되고 있다. 이것은 기술의 문제가 아니라 정치문화의 문제로 볼 수 있다.

사실 '디사이드 마드리드'라는 인터넷 플랫폼이 기술적으로 어렵고 복잡해서 다른 지역이나 나라에서 활용되기 어려운 것은 아니다. 그렇다고 한국에서 그런 웹사이트가 만들어진다고 해서 시민들의 참여가 자발적으로 늘어날까? IT강국이라 불리는 한국이니 온라인 소통이 오프라인보다 훨씬 더 자유롭고 활발할까?

현재 한국의 각 지방자치단체 홈페이지에 시민들의 의견을 받는 게시판이 없는 것은 아닌데, 대부분 유명무실화되어 있다. 관건은 그곳에 글을 올리면 내 의견이 존중받고 행정에 영향을 미치며 실제로 구현될 수 있다는 생각을 시민들이 가지는 것이다. 즉 행정이 시민들에게 믿음과 권한을 줘야 한다. 그리고 행정이 그렇게 움직이도록 도시의 권력이 작동되어야 한다. 즉 민주주의가 보장되어야 시민참여도 활성화될 수 있다. 기술이 민주주의를 활성화시키는 면은 분명히 있지만, 기술과 매개된 권력구조가 민주화되어야 그 몫을 제대로 할 수 있다.

그런 점에서 온라인이 해결책은 아니고 만남을 가능하게 하는 유일한 공간도 아니다. 온/오프라인의 연계가 중요하다. 그런 점에서 '바르셀로나 빠'의 요일활동은 인상적이다. 요일마다 정해진 활동이 있어, 참여하려는 사람들과 참여에 익숙하지 않은 사람들의 머뭇거림을 줄여준다.

월요일에는 주민이나 피해자들과 상담하고 교육을 진행한다.

화요일에는 특정 이슈에 관해 법원이나 은행에 어떻게 대응할지 전략이나 활동방향을 논의한다.

수요일에는 강제퇴거로 인한 정신적 충격이나 가족과 헤어지게 된 경험 같은 마음속 이야기를 사람들이 꺼내는 모임을 연다. 돈이나 대출 같은 문제보다는 주로 맘을 터놓고 얘기하는 시간이고, 심리치유사도 함께 한다.

목요일에는 팸플릿이나 캠페인에 필요한 물품을 만든다. (상근활동가가 없으니 함께 만들어야 한다.)

금요일에는 시간이 오래 걸리고 쉽지 않은 사례들에 관해 피해자들이 어떻게 전략을 짜면 좋을지 논의한다.

이런 문화가 있어서 장소와 시간만 공지되면 참여자들이 필요한 부분들을 알아서 준비할 수 있다. 그리고 논의된 내용들이 언제 다시 정리되고 어떤 총회에서 결정되는지를 알려, 참여하지 못한 사람들도 필요할 때 오프라인 활동에 결합할 수 있다. 이런 과정이 누적되면 정치문화가 만들어진다.

또 하나, 미디어에 대한 오해가 있다. 미디어는 꼭 발달된 신기술만을 뜻하지 않는다. 신문, 텔레비전이 현대의 대중매체를 대표하지만 그것만이 미디어는 아니다. 매우 중요한 미디어이면서도, 미디어로 잘 인식되지 않는 것이 바로 '공간'이다. 15M 운동은 인터넷 상에서 진행된 사이버 운동이 아니라 물리적인 현실에서 진행된 운동이고 온/오프라인에서 논의된 얘기들이 온라인에서 공유되며 다양한 논의들을 자극했다. 해방구라는 말이 있듯이 공간이 열리면 소통과 활동도 다양해진다.

사회학자 마거릿 콘M. Cohn은 공간이 사람들의 관계를 구성하는 틀이라고 본다.

> 공간들은 포함하거나 배제한다. 공간들은 사람들 사이의 접촉을 고무하거나 금지하고, 접촉의 형태와 범위를 결정한다. 이 책에서 논의한 공간[협동조합, 민중의 집, 노동회의소]은 저렴한 음식과 여흥, 포도주 따위의 전통적인 서비스를 제공함으로써 다양한 노동자들 사이의 접촉을 개시했다. 이런 전통적인 활동을 협동조합이나 민중회관에서 전개하면, 그런 활동을 사회주의적 하위문화의 다른 활동들에 접속시키는 셈이므로 만남의 성격이 변형된다. 또한 장소의 권력은 장소를 공유하는 세계의 배경으로 기능하는 방식에서 나온다. 공유된 세계의 경험은 우리가 우리 자신을 개인으로서, 나아가 타자와의 관계 속에

서 알게 되는 방식을 구성한다.*

공간은 사람의 접촉과 감정과 생각의 전염을 돕는 중요한 매개이다. 함께 모여 머리를 맞대고 밥을 먹고 삶을 나눌 수 있는 공간은 여전히 중요한 매체이다.

온라인 접근이 편리한 사람들은 온라인으로, 오프라인 접근이 편리한 사람들은 오프라인에서, 다만 이 둘이 매개될 수 있는 중간지대를 만드는 것은 정치의 중요한 과제이다. 그 중간지대는 한 번에 모든 것을 결정하는 방식이 아니라 여러 번에 나눠서 차례차례 결정하는 방식에서 더 잘 매개될 수 있다. 즉 온/오프라인의 활성화도 결국 진짜 민주주의의 문제이다.

---

* 마거릿 콘, 『래디컬 스페이스』, 장문석 옮김, 삼천리, 2013, 255~256쪽.

5. 포퓰리즘, 좌와 우를 뛰어넘는 정치원리

한국사회에서 포퓰리즘은 그동안 부정적인 의미로 많이 사용되었다. 특히 직접민주주의를 주장하는 시민의 열망이 부정적인 의미에서 포퓰리즘으로 많이 규정되곤 했다. 예를 들어, 최장집 교수의 이런 발언을 보자.

> 특정법안을 놓고 투표할 때 보통 사람들은 뭐가 옳은지에 대해 제대로 판단을 할 수 없습니다. 주의 예산안에 대해, 또는 공립학교의 재정지원에 대해 구체적인 예산안을 놓고 투표한다고 할 때 어느 것이 좋고 나쁜지에 대해 보통 사람들이 알 수 없는 거죠. 정당이 효과적으로 작동할 때, 그 정당이 특정 사안에 대해 입장을 내놓기 때문에 일반 투표자들은 그 정당을 보고 그 정당의 입장을 판단의 준거로 삼아 투표하게 되지요. 말하자면 직접민주주의적인 요소가 많이 도입되는 경우에라도 정당의 역할이 없을 때 그것이 더 효과적이라는 보장은 없습니다. 더 포퓰리즘이 강하게 되는 것이지요.*

여기서 포퓰리즘은 평범한 사람들의 판단을 믿지 않으면서도

* 최장집·박찬표·박상훈, 『어떤 민주주의인가』, 후마니타스, 2007, 52쪽.

그들에게서 인기를 얻기 위해 정치인들이 사용하는 나쁜 방법처럼 얘기된다.

포퓰리즘이 나쁜 의미로 많이 사용되게 된 이유에는 파시즘에 의한 영향도 있다. 많은 학자들이 파시즘과 포퓰리즘을 연관시킨다. 한국에서도 대중이 독재자에 동의하고 그를 지지했다는 '대중독재'라는 개념이 유행하면서 포퓰리즘도 부정적인 뉘앙스로 많이 사용되었다. 이런 판단에는 대중이 이성적인 판단보다 감정적인 선동에 잘 반응한다는 전제가 깔려 있다. 그래서 이 전제를 받아들이면 사실 민주주의는 대의민주주의로 유지되는 것이 가장 이상적이라는 결론에 다다를 수밖에 없다.

그러나 정말 그럴까? 만일 민중이 그런 존재에 불과하다면, 진짜 민주주의는 어떻게 가능할까? 민중을 민주적인 정치주체로 보지 않으면서 민주주의를 얘기하는 것은 모순 아닐까? 보수, 진보를 막론하고 민중을 정치주체로 여기지 않는 사람들이 민주주의를 주장하며 논의를 주도해 왔다는 점에 한국 현대사의 비극이 있는지도 모른다. 어른으로 대우를 받아야 어른스러워지듯이, 주체로 대우받아야 실제로 정치주체가 될 수 있는데, 민중을 선거 때 표를 찍어주는 유권자 정도로밖에 생각하지 않으면서 말로만 민주주의를 외치니 민주주의가 실현될 리 없다.

1968년 프랑스 5월혁명 당시 낭떼르 대학의 학생운동 지도자다니엘 콩방디Daniel Cohn-Bendit는 이렇게 말했다.

> 잊지 못할 순간이었습니다. 갑자기 그리고 자발적으로 사람들은 바리케이드를 거리에 세웠던 것입니다. 사람들은 집단적이면서도 자발적으로 행동하기를 원했기 때문에 스스로 보도블록을 쌓아 올렸습니다. 많은 사람들에게 그것은 처음 겪는 일이었습니다. 사람들은 억압된 감정을 해방시키고 축제 때의 기분을 표출했습니다. 수천 명의 사람들이 서로의 생각을 나누고 서로에게 호의를 베풀 필요를 느꼈습니다. 그날 밤을 통해 저는 역사에 대해 매우 낙관적인 생각을 갖게 되었습니다. 그런 경험을 한 뒤에 저는 '결코 아무 일도 일어나지 않는다'라고는 말할 수 없게 되었습니다.*

이런 경험이야말로 민주주의를 가능케 하는 전환의 경험이다. 15M운동도 이런 경험을 공유하는 장이었다.

우리 사회에도 이렇게 많은 사람들이 모인 적은 있지만 그것이 정말 자율적이고 자발적인 정치공간으로 작동했던가, 의문이 든다. 참여자들이 발언하고 서로의 이야기에 박수를 쳐준 적

---

* 타리크 알리·수잔 왓킨스, 『1968: 희망의 시절, 분노의 나날』, 안찬수·강정석 옮김, 삼인, 2001, 159쪽.

은 있지만 서로를 정치주체로 대한 적이 있었던가. 특히 여성, 청소년, 장애인 등 사회의 소수자들을 동료 시민으로 대한 적이 있었던가. 우리가 서로를 동료 시민으로 받아들인다면 포퓰리즘을 두려워할 이유는 없다.

그리고 다른 모든 이념이 그러하듯이 포퓰리즘도 진화한다. 기존의 포퓰리즘이 대중의 정치적인 지지만을 구할 뿐 그들의 참여를 허용하지 않고 엘리트들 사이의 정치경쟁만을 허용했다면, 현대의 포퓰리즘은 민중이 직접 권력의 주체가 될 것을 요구한다. 민중의 뜻에 따르겠다고 호소하는 게 아니라 민중이 직접 정치에 나서라고 요구한다. 이것이야말로 진짜 민주주의 아닐까?

앞서 봤듯이 스페인의 사회운동이 진짜 민주주의를 외친 최초의 대규모 운동은 아니다. 우리는 1968년 아메리카 대륙과 유럽을 휩쓴 사회운동의 흐름에서도 진짜 민주주의에 대한 요구를 목격할 수 있다. 68혁명에 참여했던 사람들은 "민중에게 권력을"이라고 외쳤다. 조지 카치아피카스는 당시의 상황을 이렇게 설명한다.

> 철학적, 미학적, 정치적 관심사들은 단지 '내부의' 문제가 아니라, 공개적인 민주주의 장소에서 그 대중적인 생명력을 얻어야만 하는 것

이다. 반(反)관료주의적인 활동가들은 공장, 사무실, 대학, 그리고 이웃 내부에 형성된 반제도와 이중권력 형태에 그 뿌리를 두고 있어야 한다. 혁명적 조직은 자신들의 대중적 기반과 유대를 강화해 나아가고, 각 개인의 지성을 계발해야 하며, 비판적 성찰 능력을 심화시키는 동시에, 개인주의(individualism)를 새로운 독자성(individuality)으로 전환시켜야 한다.*

진짜 민주주의는 자신이 민주적이라고 외치는 호소가 아니라, 공개된 민주주의의 장에서 생명력을 얻는 것이다. 그리고, 그 민주주의는 독자성을 집단으로 뭉치지 않고 독자성을 살린다. 이것은 왜 포퓰리즘이 아닐까?

그리고 지금은 포퓰리즘이 필요한 시기이기도 하다. 정치학자 쉘던 월린S. Wolin은 미국의 민주주의가 기업 권력의 시대, 시민의 정치적 탈동원화로 향하고 있다고 우려한다. 과거의 전체주의가 특정 지도자에게 의존했다면, 현대의 전도된 전체주의는 기업과 비슷한 체계로 운영되고 지도자는 그 시스템의 결과물로 등장한다. 정치인과 전문가, 컨설턴트들이 기업의 이익을 위해 정치를 좌지우지하고, 시민참여는 아주 온건한 방식으로

* 조지 카치아피카스, 『신좌파의 상상력』, 이재원·이종태 옮김, 이후, 1999, 430쪽.

관리되며, 테러의 두려움에 떠는 시민들은 개인화되고 파편화되어 각자 자기 살 길만 찾는다. 여기서의 민주주의는 '관리되는 민주주의'로 변한다.

그렇다면 어떤 대안이 가능할까? 월린은 "제국을 이전으로 되돌리기, 관리되는[경영되는] 민주주의의 실천을 이전으로 되돌리기, 지구화라는 도그마와 선제공격이 아닌 국제적 협력으로의 복귀, 환경보호 정책의 복원과 강화, 포퓰리즘적 정치의 재활성화, 미국의 인권 시스템에 가해진 상처 지우기, 독립적 사법기구, 권력분립, 견제와 균형의 시스템 복원하기, 독립적인 규제기관과 과학자문과정 복원하기, 의료보험, 교육, 연금 보장, 납득할 만한 최저임금을 요구하는 대중에 응답하는 대의제도 재활성화하기, 정부의 경제 규제 권력 복원하기, 부자와 기업권력에 아첨하는 왜곡된 세법 이전으로 되돌리기"가 필요하다고 강조한다.* 월린도 우리 시대의 전체주의에 맞서려면 포퓰리즘 정치가 다시 활성화되어야 한다고 강조한다. 신자유주의에 맞서기 위한 포퓰리즘 전략이 필요한 셈이다.

이글레시아스와 함께 '포데모스'의 창당을 준비했고 현재 당

---

* 셸던 월린, 『이것을 민주주의라고 말할 수 있을까? — 관리되는 민주주의와 전도된 전체주의의 유령』, 우석영 옮김, 후마니타스, 2013, 418~419쪽.

대변인을 맡고 있는 이니고 에레혼은 정치사상가 샹탈 무페 Chantal Mouffe와의 대담집 『포데모스: 민중의 이름으로』 *Podemos: in the name of the people*에서 남미에서의 경험을 '포퓰리즘의 가능성'으로 정의한다. 에레혼과 무페는 시민사회운동이 정당과 협력하지 않았던 탈주전략desertion strategy의 한계를 지적하면서 자유주의자와 보수주의자들을 대체하고 그들을 혼란시킬 서민과 민중의 본성을 가진 국가가 필요하다고 강조한다. 에레혼에게 포퓰리즘은 "정치 엘리트와 유권자의 간극이 커지고 제도가 시민의 요구를 충족시킬 수 없는 상황에서 민중을 정치 토론의 전면에 내세우는 전략"을 뜻한다. 이때 에레혼은 내용보다 형식으로서의 포퓰리즘을 주장하면서 서로 다른 지향들을 모으기 위해 '친구와 적'이라는 구도를 적극적으로 활용해야 한다고 주장한다.* 실제로 '포데모스'는 자신들의 관점을 대중의 상식으로 만들기 위해 '라 투에르카'La Tuerka이나 '살바도스'Salvados 같은 토크쇼를 적극 활용했고 '카스트(상류층 기득권) 대 인민'이라는 대립구도를 만들었다. 이 프로그램이 유명해지면서 '포데모스'는 민중을 재발견하고 그들을 정치주체로 호명하면서 조직화할 수 있

---

* Chantal Mouffe · Íñigo Errejón, *Podemos: in the name of the people*(Lawrence and Wishart Limited, 2016), 80~108쪽.

었다.

궁극적으로 스페인의 실험은 승리를 위한 정치연합의 가능성을 열었다. 기존 정치세력의 갈라먹기식, 지분나누기식 연합이 아니라 더욱더 넓게 세력을 만들기 위한 연합, 민중을 자기편으로 끌어오고 그들을 조직하기 위한 정치연합이었다. 마치 살아있는 생물처럼 조직이 성장할 수 있었던 이유는 조직을 구성하는 원칙과 활동할 사람들의 역할이 분명하되, 노동자나 농민, 중산층과 같은 단어들로 자신을 규정하지 않았기 때문이다. 말 그대로 '민중'이라면 누구나 '포데모스'의 구성원이 될 수 있다. 심지어 다른 정당의 당원들도 '포데모스'의 윤리강령과 조직원리에 동의하면 당원이 될 수 있다. 정당이라는 틀이 열려 있기에 더 많이 채울 수 있고, 다양한 관계를 조율하는 중요한 기준은 함께 논의해서 결정하는 의사결정과정과 윤리강령에 따른다.

'포데모스'와 '아오라 마드리드', '바르셀로나 엔 코뮤'의 기초조직이나 마을모임, 지역총회는 누구라도 참여할 수 있고 언제든 새로이 구성할 수 있는 기본 단위이다('빠'의 경우도 다르지 않았다). 위계나 권위로 조직되지 않고, 획일적이지 않으며 자율적인 방식으로 조직된 이런 모임들은 스페인 전역으로 그물망처럼 퍼져나가고 있다. 만일 이 정치실험이 성공한다면 기득권층은 머리만 자르면 목숨을 잃는 괴수가 아니라 끊임없이 '증식'하는 괴물과 싸워야 한다.

68혁명이 '제도를 통한 대장정'이라는 구호를 만들었다면, 지금 스페인의 실험은 '진짜 민주주의를 통한 돌이킬 수 없는 irrevocable 정치변화'라는 구호를 만들고 있다. 그리고 68혁명이 다양하고 자율적인 조직들의 가치를 부각시켰다면, 스페인의 실험은 그런 조직들이 기득권을 잠식하며, 민중의 이름으로 민중을 재조직하고, 자율적인 조직들이 다각적으로 연대하며, 탈환한 제도권력으로 사회를 재편한다는 구상을 실현하고 있다.

그렇다면 지금 한국에는 어떤 실험들이 필요할까? 스페인에서 그 구체적인 답을 찾을 수는 없다. 다만 기득권의 부패에 맞서도록 단단하게 조직된 힘과 스스로 정한 윤리를 따르는 다양한 세력들의 연합, 민중을 호명하고 그들에게 권력을 줘서 스스로 주체가 되도록 하고 집단적인 정치력을 행사하도록 만드는 실험들은 우리에게도 시사점을 준다. 먼 미래(유토피아)가 아니라 지금 이곳에서 시작할 수 있는 고민들이다.

| 건너가는 글 |

스페인에서 한국, 베네수엘라로

스페인 조사를 마치고 한국에 돌아온 뒤 며칠 동안 분주했다. 스페인에서의 경험이 사라지기 전에 지금 한국사회의 고민과 접목시켜보고 싶었다. 더구나 스페인 조사를 기획할 때는 풀뿌리자치연구소 이음의 소장 신분이었는데, 스페인으로 떠날 때는 녹색당의 공동정책위원장으로 출마한 상태였고, 돌아와서 당직자가 되었다. 그런 상태였기 때문에 관심이나 질문의 방향도 조금씩 달라졌다.

사실 스페인의 경험이 한국에 바로 적용되기는 어렵다. 일단 선거제도나 정당체계가 우리와 다르다. 스페인은 비례대표제도와 의원내각제를 채택한 국가로서, 정당명부로 의원을 선출하고 총선 이후 총리와 내각을 구성한다. 그런데 한 정당이 과반수 이상의 의석을 확보하지 못하면 다른 정당들과 연정을 구성해서 총리를 선출해야 한다. 그리고 법적으로 지역정당도 인정되고 지역을 기반으로 삼는 많은 정당들이 지방선거에서 그 지역의 욕구와 이해관계를 대변한다(스페인이 연방국가는 아니지만 상당한 정도의 자치권을 지역에 부여하고 있어, 바스크나 카탈루니아 지방에서는 분리주의를 공공연하게 주장하는 정당들도 활동한다). 그리고 '아오라 마드리드'나 '바르셀로나 엔 코뮤'와 같은 지역정당/지역정치연합체를 만드는 것도 자유롭다.

반면에 한국은 대통령중심제 국가이고 지방자치제도를 실시하고 있지만 사실상 중앙정부가 대부분의 예산을 관장하며 나라를 운영한다. 국회의원의 경우 약간의 비례대표제를 가미한 소선거구제도이고 몇 퍼센트의 지지를 받든 선거에서 이기면 권력을 독점하는 시스템이다. 그래서 선거를 앞두고 후보단일화를 하는 경우를 제외하면 다른 정당과 연합할 필요도 없다. 그리고 정당법에 따르면 5개 광역시도마다 천 명 이상의 당원을 확보해야 정당을 만들 수 있고, 중앙당의 사무소가 서울에 있어야 하며, 지역정당은 인정되지 않는다. 또한 전국동시선거를 실시하기 때문에 사실상 중앙의 정치의제가 지방선거를 좌우

한다. 그리고 법적으로 정당연합이나 지역정치연합체를 만드는 것이 금지되어 있어 여러 정당이 한 명의 후보를 추천하거나 다른 정당의 후보를 공식적으로 지지할 수도 없으며, 이중당적도 금지되어 있다.

따라서 한국에서 스페인의 전술을 그대로 사용하기는 어렵다. 그렇다면 우리가 왜 스페인에 주목해야 할까? 한국의 법과 제도가 부패한 기득권정치를 그동안 지속시켜온 틀이기 때문에, 지금의 법·제도를 그대로 받아들인다면 정치개혁은 불가능하다. 법과 제도를 바꾸는 건 행정부와 국회의 몫이니 고양이에게 생선을 맡겨놓은 꼴이다.

그렇지만 스페인에서도 15M운동이 일어난 이유는 지금의 정치구조를 만든 '78년 체제'에 대항하기 위해서였다. 한국에서도 이제껏 대통령직선제로 대표되던 '87년 체제'를 근본적으로 바꿀 운동이, 진짜 민주주의를 요구하는 운동이 필요하다. 법치주의가 아니라 진짜 민주주의를 실현하기 위해 기득권정치의 틀을 허물고 제도정치와 운동정치를 연결할 방법과 관련해 스페인의 경험은 우리에게 여러 가지 시사점을 준다.

한국에서도 대규모 시위가 여러 번 있었다. 굳이 과거로 올라가지 않더라도 2002년 미선이 효순이 죽음에 항의하던 촛불집회, 2008년 미국산 쇠고기수입 반대 촛불집회에 이어, 2016년

박근혜 하야/퇴진/탄핵운동 역시 200만 명 이상의 시민을 광장으로 모았다. 그런데도 왜 우리는 정치를 개혁하지 못했을까? 일단은 우리가 누구와 맞서 싸우는지가 명확하지 않다. 미국인가, 대통령인가, 여당인가? '포데모스'는 우리가 누구에게 맞서야 하는지를, 즉 적과 동지를 분명하게 구분하라고 충고한다. '포데모스'는 부패한 기득권층을 카스트로 규정하며 그들에 대항하려는 다양한 사람들을 모았다. 각자의 정체성에 기반한 정치보다 '민중'이라는 텅 빈 기호로 다양한 사람들을 결집시키는 전략을 택했다. 반면에 우리는 연대를 외치기는 하지만 각 개인이나 단체, 정당들의 이념이나 가치, 이해관계가 더 많이 앞선다. 선거에서 꼭 이기고 싶다고 말하지만 실제로는 한 줌의 사람들이 모여서 서로 잘남을 뽐낸다. 부패한 기득권 세력이 적이라고 말하지만 실제로는 기득권보다 훨씬 만만한 자기 옆의 사람들과 경쟁한다. 적은 분명하다고 얘기하지만 동지는 누구인지 여전히 애매하다. 애매한 동지들을 규합하는 전략이 바로 포퓰리즘이다.

그리고 한국사회에서는 여전히 정치에 대해 부정적이거나 냉소적인 태도가 널리 퍼져 있다. 정치를 바꿔야 한다고 주장하는 사람들도, 정작 정치에 직접 개입하자고 하면, 정당활동을 같이 하자고 하면 머뭇거린다. 한국에서도 '포데모스', '아오라 마드리드', '바르셀로나 엔 코뮤' 같은 정치조직들이 활성화되려면 우리 스스로 정치에 적극 나서야 한다. 스페인은 그럴 때에만 정치가 바뀔 수 있다는 점을 증명하고 있다.

또한 '포데모스'는 진짜 민주주의를 외치면서 시민참여를 보장하는 투명하고 책임지는 정치과정을 자기 조직과 제도정치에서 구현하고 있다. 그런 점에서 '포데모스'는 민중이 모이는 총회를 가장 중요한 의사결정기구로 여기는데, 한국에서는 직접 민주주의를 외치는 조직조차도 그런 투명하고 참여를 보장하는 구조를 잘 갖춰 놓은 곳이 드물다. 심지어 민회를 말할 때조차도 민회를 의견수렴의 도구(결정권한은 없는)처럼 여기거나 그 민회에 대한 믿음이 없다.

물론 힘과 자원이 기득권으로 집중되고, 정부에 반대하면 '빨갱이'나 '종북'으로 낙인찍히는 사회에서 어쩔 수 없이 생기는 문제들도 있다. 그렇지만 개별 법률이나 특정 사안보다 기본적인 규칙을 바꾸는 것이 중요하다.

스페인의 실험이 이미 성공한 것은 아니다. 스페인도 겪는 어려운 문제는 마드리드 시나 바르셀로나 시의 지방정부 권한을 넘어선 사안들에 개입하기 어렵다는 점이다. 스페인도 '78년 체제'를 극복하려면 결국 헌법개정을 고민해야 한다. 그런 점에서 베네수엘라는 헌법개정을 통해 사회를 바꾸려는 시도를 먼저

했다.

그리고 한국에서도 이제 개헌은 주요한 정치개혁, 사회개혁의 의제가 되었다. 우리는 어떤 헌법을 만들어야 할까? 헌법개정의 방향은 무엇일까? 그리고 그 헌법을 어떻게 활용해야 할까? 헌법은 정치만이 아니라 경제를 포함해 사회의 기본적인 틀을 규정한다. 지금 우리에겐 어떤 틀이 필요할까? 그런 점에서 베네수엘라의 고민을 적극적으로 받아들일 필요가 있다.

②

기수를 돌려라!

베네수엘라에서 배운다

1. 기득권의 양당체제와 카라카스 봉기

베네수엘라의 대통령이던 차베스에 대한 평가는 많이 엇갈린다. '군인 출신의 독재자'에서부터 '21세기의 위대한 정치인'까지 다양한 평가들이 있다. 그렇지만 차베스 개인의 성향이나 생각보다는 그동안 베네수엘라 사회가 얼마나 바뀌었는지를 평가하는 것이 더 바람직하지 않을까?

1998년 12월의 대통령선거에서 당선된 뒤 2013년 3월에 암으로 사망할 때까지 차베스는 개혁을 위한 각종 제도들을 마련했다. 하지만 지금의 베네수엘라 상황을 보면 차베스가 집권했던 15년의 시간도 기득권이 장악해온 사회를 바꾸기에 충분하지 않은 것 같다. 그렇다고 아래로부터의 사회변화가 불가능하다는 것은 아니고, 자기 삶과 사회를 바꾸려는 주체와 그 주체들을 연결하는 촘촘한 조직들, 기득권층이 장악한 권력을 와해시키고 전환시키기 위한 대대적인 실험들이 잘 맞물려야 변화가 가능하다는 것을 알 수 있다.

먼저 차베스가 등장하게 된 배경부터 살펴보자. 베네수엘라 볼리바르 공화국(이하 베네수엘라)에는 남한의 아홉 배 정도 되는 땅에 2,600만 명 정도의 인구가 산다. 스페인 식민지를 거치면서 백인과 원주민의 피가 섞인 메스티조가 전체 인구의 67% 정도를 차지하고, 공식언어는 스페인어, 종교는 가톨릭이 다수이다. 베네수엘라에서는 인구의 약 90%가 도시에 사는데, 그 중 절반 이상은 빈민촌에 산다.

베네수엘라의 주요산업은 석유산업으로 국내총생산의 3분의 1 이상, 수출의 80% 이상을 차지한다. 그래서 베네수엘라를 '석유-국가체제'라 부르기도 하는데, 이 체제의 형성기는 부패한 독재자였던 후안 빈센테 고메스 장군Juan Vicente Gomez(집권기간 1908~1935년)의 통치기간과 겹친다. 고메스 정권은 초국적기업의 석유탐사와 발굴을 적극적으로 지원했고 외국자본의 진출을 제한하지 않았다. 고메스가 죽은 뒤 집권한 메디나Isaias Medina Angarita(집권기간 1941~1945년) 정권은 석유산업의 이권을 회수하기 위해 외국기업의 수익에 로열티를 부과하고 세금을 대폭 높이는 탄화수소법을 통과시켰다. 그리고 공산당을 합법화하고 여성의 투표권을 인정하는 등 개혁정책을 폈다. 하지만 민주정부는 군사쿠데타의 위협에 끊임없이 시달렸고, 뒤를 이은 마르

코스 페레스 히메네스Marcos Pérez Jiménez(집권기간 1952~1957년)는 다시 시민사회를 억압하고 독재를 펼쳤다.

히메네스 정권 이후 기득권층은 정세나 선거 승패와 상관없이 자신들의 기득권을 지킬 체계를 만들었다. 1958년에 '기독교사회당'COPEI과 사회민주주의를 주장하는 '민주행동당'AD은 선거결과와 상관없이 사법부, 군부, 선관위 등의 공직을 서로 나누자는 '푼토피호Punto Fijo 협정'을 체결하고 번갈아 권력을 장악한다. 이로써 베네수엘라 선거에서는 무소속 후보가 선거에 참여할 수 없게 되었고, 푼토피호 체제는 차베스가 5공화국운동MVR을 주도하며 선거에 이긴 1998년까지 약 40년 동안 유지되었다.

이 기득권체제의 위기는 정치가 아니라 경제에서 비롯되었다. 1978년부터 석유수출이 감소하면서 국내총생산GDP도 하락하기 시작해서 1985년까지 24.2%나 감소했다. 그리고 "공공부문 부채의 급증과 국제 금융시장 이자율의 급격한 상승, 자본의 해외도피 및 일련의 인플레이션 억제 조치들로 인해 베네수엘라는 심각한 경제위기에 접어들게 되었고 1983년 2월 통화위기와 함께 최악의 사태를 맞게 되었다."* 이로써 석유산업의 부

* 조돈문, 『베네수엘라의 실험 — 차베스 정권과 변혁의 정치』, 후마니타스, 2013, 24쪽.

흥과 기득권의 권력분점에 힘입은 독재는 위기를 맞게 되었다.

경제위기와 함께 불거진 또 다른 위기는 식량문제였다. 원주민들과 농민들은 대지주에게 땅을 빼앗겨 경작을 하지 못하자 농촌을 떠났고, 석유산업을 비롯한 기간산업 중심의 산업화는 이들 대부분을 비공식부문의 도시빈민으로 만들었다. 이렇게 농민과 농촌이 붕괴되면서 베네수엘라는 식량수입국이 되었고 만성적인 식량위기에 시달렸다.

1982년과 1983년, 남미에서 잇따른 외환 위기가 있었고, 미국은 '국제통화기금'IMF을 통해 남미에 개입했다. '국제통화기금'은 남미의 다른 국가들처럼 베네수엘라에도 신자유주의 정책도입을 요구했고, 그 여파로 1인당 국민소득이 떨어지고 실업률이 빠르게 증가했다. 1989년 2월 페레스Carlos Andres Pérez(집권기간 1982~1993년) 정권은 구조조정을 포함한 '신경제종합정책'을 발표했다. 페레스의 신경제종합정책은 휘발유 가격과 버스요금 같은 공공요금과 생필품, 식료품 가격을 엄청나게 올렸다.

이에 1989년 2월 27일 수도 카라카스Caracas에서 신자유주의를 거부하는 도시빈민들의 봉기, 소위 카라카소Caracazo가 일어난다. 빈민들은 도로를 점거하고 버스를 불태우고 상점을 약탈하며 봉기했다. 카라카스의 저항이 전국으로 번지자 페레스 정권은 군대를 동원하여 시위를 유혈 진압했고, 이 과정에서 3백

명에서 3천 명 사이의 시민들이 목숨을 잃었다.

중요한 분기점은 카라카스에서 봉기한 시민들이 가난한 사람이었고 이들을 진압하기 위해 동원된 군대도 빈민 출신이었다는 점이다. 비교적 엘리트 집단인 군대에 소속되었지만 군인들은 자신이 속한 계급을 진압하는 모순에 빠졌고 심정적으로 빈민들의 요구에 동조하게 되었다. 차베스도 그런 군인들 중의 한 사람이었다. 비록 유혈진압되었지만 민중의 누적된 불만은 쉽게 수그러들지 않았다. 외려 1989년부터 1998년 사이에 약 6천 번 이상의 시위가 벌어졌다.* 즉 누군가 이런 불만에 반응할 상황이 되었다.

차베스는 1983년부터 일부 군인과 민간인들을 모아 '볼리바르 200운동'EBR-200이라는 지하운동단체를 이끌고 있었다. 남미의 혁명가 시몬 볼리바르의 탄생 200주년을 기념하는 이 단체는 무장봉기를 해서라도 사회를 바꿔야 한다는 목표를 세웠고, 남미의 여러 혁명모델들을 연구했다. 그러면서 민주주의의 껍질만 뒤집어쓴 독재를 끝내고 진짜 민주주의를 실현하려면 기성사회를 뒤집어야 한다는 합의가 이루어졌다. 결국 1992년

---

* 안태환, 「카라카스 봉기, 사파티스타 그리고 라틴아메리카에서 대중의 실천」, 『실천문학』 2014년 여름호, 55쪽.

2월, 차베스는 2천여 명의 군인들과 함께 반미, 반신자유주의를 내걸고 쿠데타를 일으켰지만 실패했고 주요참모들과 함께 감옥에 갇혔다.*

그러다 1993년 부패 혐의를 받던 페레즈가 사임한 뒤 권력을 잡은 라파엘 칼데라Rafael Caldera(집권기간 1993~1998년) 정권은 신자유주의 반대를 내세웠지만 1996년 4월 '국제통화기금'의 14억 달러 차관을 받는 대가로 다시 신자유주의 정책을 받아들인다. 그리고 이에 맞선 우고 차베스가 1998년 12월의 대통령선거에서 당선되면서 베네수엘라의 정치개혁이 시작되었다.

기득권층의 양당체제가 확고하게 자리잡은 곳에서는 선거나 다른 정치제도가 무기력해지기 쉬워서 정치개혁이 어렵다. 그리고 정치적인 기득권은 경제적인 특혜와 무관할 수 없기 때문에 소수의 정치지배는 언제나 사회양극화를 부른다. 이에 먹고 살 길이 막막해진 민중의 불만이 누적될 수밖에 없고 이런 불만은 결국 민중봉기를 불렀다.

문제는 봉기를 실질적인 사회변화로 폭발시킬 뇌관인데, 차베스가 바로 그 뇌관이었다. 제멋대로인 폭군처럼 보이기도 하

* 이 과정은 임승수, 『차베스, 미국과 맞짱 뜨다』(시대의 창, 2006)에 자세하게 기록되어 있다.

베네수엘라 전 대통령 우고 차베스.
신자유주의에 맞서 국가의 방향을 바꾸려 했다.

지만 실패한 쿠데타를 책임지는 모습도 보이면서 차베스는 민중의 신뢰를 얻었고 군대라는 물리력을 동원할 수 있는 리더이기도 했다. 그래서 차베스는 자신에게 온 기회를 잡을 수 있었다.

민중의 불만이 부글부글 끓어도 그것을 터뜨릴 수 있는 정치적인 사건이나 인물이 없으면 분노는 지속되기 어렵다. 그런 점에서 정치는 사라지거나 냉소를 받아야 할 대상이 아니라 외려 회복되어야 할 주요한 활동이다. 정치 없이는 새로운 사건(사고 말고!)이 터지거나 새로운 인물이 등장하기 어렵다. 차베스는 카라카소 봉기와 쿠데타를 통해 민중의 신임을 얻고 정치조직을 결성해 대통령에 당선됨으로써 기반을 확보했다.

스페인이든 한국이든 마찬가지이지만 정치인이 민주주의를 표방하더라도 기득권을 가진 두 정당이 이익을 분점하며 장기집권하는 체제에서는 민주주의가 불가능하다. 직접민주주의만이 아니라 대의민주주의도 사실상 불가능하다. 정치적인 선택권 자체가 제한되거나 박탈당하기 때문이다. 한국의 정당사가 한국민주당과 자유당에서 시작되어 당의 계파와 이름만 달리하며 유지되어 왔듯이 스페인과 베네수엘라의 상황도 비슷했다. 이런 기득권화된 정치구조를 깨지 않고서는 민주주의가 불가능하다.

그리고 한 번의 성공으로 사회가 확 바뀌지도 않는다. 대통령 당선으로 차베스가 연방정부를 장악했지만, 베네수엘라의 다른 핵심권력들은 여전히 기득권 세력의 손에 있었다. "양대 정당 정치인들은 연방의회, 주정부와 시정부를 포함한 지방자치단체들을 장악하고 있었고, 사법부와 행정부처 고위직들뿐만 아니라 사유 언론사들, 국유 석유회사를 포함한 주요 대기업들과 베네수엘라상공업협회 등 사용자단체들, 가톨릭교회들과 베네수엘라노동자총연맹 등 시민사회 권력기구들에도 예전의 집권 세력이 포진하고 있었다. 차베스는 구지배 세력의 권력에 포위당해 있었고 그 중심에는 연방의회가 있었다. 이는 차베스가 제4공화국과 푼토피호 체제를 극복하고 대안적 정책을 추진하는 것을 불가능하게 하는 권력구조였다."* 그리고 베네수엘라노동자총동맹을 비롯한 전통적인 노동운동도 차베스 정권에 우호적이지 않았다. 기본적으로 석유산업에 의존해 온 경제구조를 바꾸려는 차베스의 정책은 내부의 갈등을 예고하고 있었다. 그래서 차베스에게는 베네수엘라 사회의 전환을 지지할 정치세력과, 기득권층이 장악한 경제체계를 전환시킬 전략이 동시에 필요했다.

차베스가 새로운 헌법 제정을 내세운 건 바로 그 때문이었다.

---

* 조돈문, 앞의 책, 2013, 31쪽.

2. 차베스의 새로운 헌법은 무엇을 노렸나?

집권 후 차베스는 정치권력을 통해 사회·경제권력을 바꾸려 했고 그러려면 일단 법적인 근거를 마련해야 했다. 1999년 4월, 차베스는 제헌의회 소집을 묻는 국민투표를 실시하고 86%의 지지를 얻는다. 그리고 6월 25일에 실시된 제헌의회 선거에서 차베스가 속한 정당의 후보들은 전체 의석 131석 중에서 119석을 차지했다. 제헌의회는 신속하게 논의를 진행해서 그해 11월 17일에 396조항의 새로운 헌법을 만들었고, 시민들은 12월 16일의 국민투표에서 71.21%의 찬성률로 헌법을 승인했다.

이 새로운 헌법은 정치인에 대한 소환을 허용했고 시민의 정책발의도 허용했다. 그리고 입법, 행정, 사법으로 나눠진 3부의 권력에 시민부CItizen Power과 선거부Electoral Power가 추가되어 5부가 되었다. 새로운 헌법에서 시민부와 관련된 규정을 보면 다음과 같다.

제273조

호민관(護民官), 검찰총장, 감사원장으로 이뤄진 공화국 윤리위원회(Ethics Council)가 시민부를 운영한다. 시민부의 기관은 민중수호청, 검찰, 감사원 등으로 구성된다. 공화국 윤리위원회는 시민부의 위원들을 1년의 임기로 임명하는데 재선이 가능하다. 시민부는 독립기관이며, 기능·재정·행정 면에서 자치권을 누린다. 목적을 실현하기 위해 시민부는 일반 국가예산에서 매년 가변적인 일정액을 배당받는다. 시민부의 조직과 기능은 법률로 정한다.

제274조

시민부는 헌법과 법률에 따라 공공윤리와 행정 도덕을 침해하는 사건을 예방, 조사, 처벌할 권한을 가진다. 또한 시민부는 견실한 행정과 공공재산 사용의 적법성, 국가의 모든 행정활동에서 준법성 원칙의 이행과 적용을 감독하고 단결, 자유, 민주, 사회적 책임과 노동 등 시민정신의 창의적 과정으로서의 교육을 증진한다.

제280조

민중수호청은 정당하고도 광범위한 공동이익의 수호, 헌법과 국제인권조약에 규정된 권리의 보장과 증진, 수호, 감독의 책임을 진다. 민중수호청은 호민관의 지휘와 책임 아래 활동한다. 호민관은 7년의 임기로 임명된다.*

---

* 김병권 등, 『베네수엘라, 혁명의 역사를 다시 쓰다』(시대의 창, 2007)에 실린 부록 베네수엘라 볼리바르 공화국 헌법에서 발췌.

시민부는 행정기관과 공무원을 조사하고 처벌할 권한을 가진 헌법기구로서 민중의 이해관계를 대변한다. 이는 시민들의 참여를 보장하는 것을 넘어서 시민들에게 공식적인 권력을 넘겨주는 과정을 뜻한다.

이와 비슷한 제안이 또 있는데, 레이브E.J. Leib는 배심원 제도와 비슷하게 공공정책에 대한 판결을 내리는 '무작위로 선발된 시민들의 의회'를, 즉 입법·사법·행정부와는 다른 제4부를 구성하자고 제안한다.* 제4부는 지역, 성, 계급, 연령 등에 따라 무작위로 선발된 시민들로 구성된다. 선발된 대표의 임기는 1년으로 누구나 평생에 한 번만 재직 가능케 하여 가능한 한 많은 사람들이 참여할 수 있도록 한다. 그리고 국가는 재직기간 동안 보수를 지급해서 가난한 사람도 부담 없이 공직을 맡을 수 있다. 시민의회에서 결정할 사안은 국가기구 간의 권력 분할과 갈등해결에 관련된 사항(대통령 탄핵, 국가기관 간 또는 중앙·지방정부 간의 권한 분쟁 등), 기본권의 준수 및 확장에 관련된 사항, 위헌심판청구와 헌법소원 등 헌법 이념의 구현에 관한 사항, 국군의 해외파견과 전쟁 수행에 관한 사항, 국가기구를 통치하는 대리인들(대통령, 의원 등)의 선출방식과 임면에 관한 사항 등이다. 레이브는 시

---

* 김상준, 「헌법과 '시민의회'」, 『동향과 전망』 2006년.

민의회가 이렇게 포괄적인 개입권한을 가지고 적극적으로 활동해야 민주주의가 살아날 수 있다고 주장한다.

베네수엘라의 시민부는 이 제4부와 유사한 기관으로 볼 수 있지만 헌법기관이라는 점에서 훨씬 더 안정되고 공식적인 기관이다(그리고 선거부는 전국선거관리위원회가 선거를 관장하도록 규정하는데, 이는 푼토피호 협정을 통해 두 정당이 권력을 나눠먹기 해온 베네수엘라의 특수성 때문이다).

한국도 그렇지만 입법·행정·사법부가 견제와 균형의 원리에 따라 작동한다는 건 책에나 나오는 이야기이지, 실제로는 서로 얽혀 기득권을 보호하고 확장시킨다. 이런 체제에서는 민중이 자기 권리를 지키거나 온전히 누릴 수 없다. 시민부가 헌법기관으로 인정된다는 것은 그만큼 기존의 체계로는 민주주의가 실현되기 어렵다는 의미이기도 하다.

새로운 헌법의 제정은 푼토피호 협정 이후 40년 동안 누적되어온 기득권을 해체하기 위한 시도였다. 차베스는 이를 통해 정당이나 정치인만이 아니라 민중에게도 직접 권한을 나눠주는 방식을 취했다. 이런 내용들이 헌법에 담긴다는 것은 정권이 바뀌어도 다른 이들이 국정을 마음대로 좌지우지하기 어렵게 된다는 것을 뜻한다. 헌법을 새로 제정한다는 것은 그만큼 사회변화의 방향을 분명하게 잡는 것을 의미한다.

볼리바리안 서클이 활용하는 휴대용 베네수엘라 헌법.

그러나 헌법을 새로 제정한다고 해서 민중의 정치력이 곧바로 회복되지는 않는다. 차베스는 기득권화된 정당을 통하지 않고 주민들의 정치력을 회복시키기 위해 볼리바리안 서클Bolivarian Circle, Circules Bolivarianos, CB's을 조직했다. 볼리바리안 서클은 협동조합이나 노동조합 등이 새로 제정된 헌법정신에 따라 운영되도록 지원하는 민간기구로 7~11명 단위로 구성되었다. 볼리바리안 서클의 조정자인 로드리고 차베스R. Chavez는 볼리바리안 서클에 관해 이렇게 이야기한다.

> 핵심적인 문제는 조직화되는 것이고 의사결정과정에 공동체가 참여하는 것이다. 우리는 뛰어난 개인적인 지도자를 만들려고 할 생각도 없다. 우리는 각 공동체가 그들 자신의 지도자를 가져야 하며 새로운 지도자는 언제나 나올 것이라고 생각한다. 민중은 지도자를 따라다니는 것이 아니다. 민중은 그들 자신의 프로젝트를 위해 일하고 그들의 미래를 건설하려고 한다. 차베스는 의심할 여지없이 모든 조직들의 지도자다. 그러나 우리는 그에게 의지하려 하지 않는다. 우리는 국민적 수준에서 그의 지도력을 수용할 뿐이다.*

* 김병권 등, 『베네수엘라, 혁명의 역사를 다시 쓰다』, 시대의 창, 2007, 168쪽.

2003년 중반까지 220만 명이 볼리바리안 서클에 가입했고, 서클은 수직적인 관리보다 수평적인 조절을 추구했다. 차베스의 친위대로 불렸던 볼리바리안 서클은 헌법정신에 따라 시민들을 조직하는 역할을 맡았다.

새로운 헌법은 정치적인 주체성만이 아니라 경제적인 자주성도 강조했고, 정치개혁과 마찬가지로 경제개혁도 기득권을 깨는 것에서 시작되어야 했다. 초국적기업과 기득권이 장악해온 석유산업이나 주요한 기간산업과 관련된 정책들을 개혁하면서 차베스는 국유화나 전면적인 몰수보다 사회화와 점진적인 인수를 추구했다. 그리고 전환의 과제를 담당할 주체들을 기르기 위해 협동조합과 코헤스티옹을 비롯한 사회경제 노선을 선택했다. 이 새로운 헌법은 사회주의보다 사회경제social economy를 지지했는데, 관련된 주요 조항들을 뽑아보면 다음과 같다.

제118조

노동자들과 공동체가 협동조합, 저축금고, 상호신용금고, 그 외 여러 형태의 사회적이고 참여를 지향하는 단체를 발전시킬 권리를 인정한다. 이들 단체들은 법률에 부합하는 한 모든 종류의 경제활동을 할 수 있다. 법률은 이 조직들이 갖는 특성, 특히 협동조합, 협동노동, 공동이익의 창출 등과 관련된 특성을 인정한다. 국가는 서민 대중의 대안경제체제를 마련하고자 이들 단체들을 장려하고 보호한다.

제300조

사회적인 경영활동을 맡을 기능적으로 분권화된 단체를 창설하기 위한 조건은 법률로 규정된다. 이 단체는 그 활동에 투자될 공공 재원의 경제적, 사회적, 합리적 생산성을 확보할 목적으로 운영된다.

제307조

(…) 농민과 그 외의 농산품 생산자들은 관련 법률에 기록된 사례와 형식에 따라 토지소유에 대한 권리를 가진다. 국가는 농업생산을 보장하기 위해 토지의 협동조합 소유, 개인 소유 형태를 보호하고 증진해야 한다.

제308조

국가는 중소기업, 협동조합, 신용금고, 가족소유기업, 소기업, 그리고 노동, 저축, 소비를 위해 형성된 모든 지역평의회를 보호하고 발전시킨다. 위와 같은 지역평의회는 시민의 자발적인 참여에 근거를 두며, 국가경제를 발전시킬 목적으로 운영되며 직업훈련, 기술협력과 적시의 자금 조달이 보장된다.

새로운 헌법에 따르면 국가는 협동조합을 비롯한 대안경제활동을 장려하고 보호할 의무를 진다. 이 경제체제의 목적은 이윤이 아니라 "국민 전체의 발전과 공동체를 위한 위엄과 존엄성"의 확보이다. 국가경제의 목표가 국민총생산GNP이나 1인당 국민소득보다 위엄과 존엄에 맞춰진 사회, 한국과 품격이 매우 다르다.

이런 맥락에서 차베스는 협동조합을 매우 강조했다. 베네수엘라에서는 1900년대 초반부터 예수회 사제들이 빈민사목활동의 일환으로 협동조합을 설립했다. 그러다 히메네스가 권력을 잡으면서 많은 협동조합들이 탄압을 받으며 사라졌고, 1960년대부터 다시 협동조합운동이 시작된다. 1966년 협동조합법이 제정되면서 민간의 자율적인 협동조합운동이 시작되고, 1975년에는 '전국협동조합연맹'CECONAVE이 설립되어 운동을 지원했다. 차베스 집권 이전에 '전국협동조합연맹'에 등록된 협동조합은 762개, 소속된 조합원은 40만 명이었다.

차베스는 이런 협동조합의 규모를 엄청나게 늘렸다. 나오미 클라인N. Klein에 따르면, "2006년 무렵, 전국엔 10만 개의 협동조합이 있고 70만 명 이상의 노동자들이 그곳에 몸담고 있다. 지역사회에 운영권을 맡긴 고속도로 통행료 징수시설, 고속도로 정비, 의료 클리닉 같은 기반시설들이 대부분이다. 정부 아웃

소싱의 역발상이라 하겠다. 국가의 일부를 대기업에 입찰로 넘겨 민주적 통제권을 상실하는 방식이 아니다. 정반대로 자원을 이용하는 사람들에게 관리할 권한을 넘겨준 것이다."* 클라인은 이런 협동조합이 신자유주의를 극복할 대안이라며 찬사를 보냈다.

그리고 안태환은 이 정책들이 "부와 소득의 불평등을 변혁시키려는 정책들"이었고 "신자유주의체제가 강조하는 개인적 이익이 아니라 집단적·공동체적 이익과 사회적 연대를 중시하고 장려하는 정책"이었다고 본다. 즉 협동조합을 통해 "주정부 또는 시정부의 기능이 이전된 분권화된 공공서비스(건강, 교육, 주택, 문화, 스포츠, 환경, 공단유지, 주민치안 등)의 운영에 지역공동체가 적극 참여할 수 있"게 되었다.** 협동조합은 단순히 경제조직의 수를 늘리거나 일자리를 만드는 차원을 넘어서, 그동안 수동적으로 살아온 시민들과 지역사회가 능동성을 회복하도록 지원하고 보장하는 역할을 맡았다.

그리고 초국적기업과 기득권이 장악한 석유산업과 주요한 기간산업을 재편하면서 차베스는 노동자들과 함께 기업을 관리하

---

* 나오미 클라인, 『쇼크 독트린』, 김소희 옮김, 살림Biz, 2008, 578쪽.

** 안태환, 『차베스와 베네수엘라 혁명』, 이담북스, 2012, 121쪽.

는 실험들을 진행했다. 차베스정부에 맞서 자본가들이 공장을 폐쇄하자 노동자들이 공장을 다시 점유하고 통제하며 정부에 지원을 요구했고, 차베스는 적극적으로 공동관리전략을 고민하게 되었다. '노동자 기업관리'를 뜻하는 코헤스티옹은 차베스가 '21세기 사회주의'라는 전략을 고민하는 틀이었고, 협동조합운동도 이런 전략과 맞물려서 진행되었다.

스페인의 정치운동이 제도권력을 장악하지 못한 상태에서 '윤리강령'으로 사회변화와 민중의 정치적 주체성을 강화시키려 했다면, 베네수엘라의 정치운동은 헌법제정을 통해 사회변화와 민중의 자주성을 강화시키려 했다. 15M운동이 일어났을 때 스페인의 경제상황도 매우 좋지 않았지만, 베네수엘라의 경우에는 민중의 생존 자체가 위태로웠기 때문에 민중의 자발성이 살아나려면 경제개혁이 반드시 필요했다.

3. 아래로부터의 체제 전환, 21세기 사회주의

전통적인 사회주의 국가들이 주요한 기업들을 국유화시키고 직접 관리했다면, 차베스는 중요한 기간산업들을 국유화하지 않고 노동자들과 함께 관리하는 실험들을 진행했다. "차베스 정권의 국유화와 공동경영 등 변혁적 정책들은 자본 유출과 공장 폐쇄로 일자리를 잃은 노동자들에게 고용 기회라는 당면 계급 이익에 호응했을 뿐만 아니라, 자본계급의 일방적·억압적 지배에서 벗어나 공동경영과 노동자 통제 등의 경험을 통해 새로운 계급 관계를 맛보게 함으로써 노동계급의 계급의식 발달에도 크게 기여했다."*

노동자의 경영참여나 노동자 자주관리와 달리 코헤스티옹은 정부와 사기업의 역할을 섞은 구조였다. 즉 국가가 기업의 일정 부분 소유권을 갖지만, 나머지 지분과 운영에 관련된 권한은 노동조합에게 넘겨주는 구조이다. 그 과정에서 노동자 개개인이 아니라 노동조합이 권한을 갖도록 했다. 예를 들어, 전력회사인 카다페Cadafe가 2002년의 '자본파업'으로 위기에 처하자 노동자들이 공장폐쇄를 거부하며 공장을 접수했다. 베네수엘라 정부

---

* 조돈문, 앞의 책, 91~92쪽.

는 노동자들의 이런 시도를 인정하며 기업 이사회에 노동자 대표를 임명했다. 노동조합은 노동자총회를 구성하고 기업을 운영하는 이사회에 대표를 파견하며 일상적인 의사소통과 결정구조를 만들었다. 이렇게 노동조합의 자율성이 보장된다는 점에서 코헤스티옹은 기존의 국유화와 달랐다.

정부가 소유한 공기업들이 코헤스티옹 상태로 전환되는 것과 더불어 사기업들에서도 코헤스티옹이 일어났다. 예를 들어 밸브를 생산하는 인베발Inveval의 자본파업으로 공장이 폐쇄되자 노동자들이 체불임금 지급을 요구하며 회사를 점거했고 자체 생산을 시작했다. 그러자 정부는 소유주에게 보상금을 주고(사회주의의 몰수가 아니다!) 국유화하며 정부가 51%의 지분을, 노동조합이 노동자들의 체불임금으로 49%의 지분을 갖도록 했다. 처음에는 정부가 공무원을 파견했지만, 점점 그 수를 줄였고 노동자들이 스스로 결정을 내리고 통제하도록 했다. 그리고 노동자들이 직접 선출한 관리위원회가 일주일에 한 번씩 정기적으로 결정을 내리고 부서별 노동자총회를 소집하도록 했다. 이런 코헤스티옹을 통해 실업률이 줄어들고 노동자들의 생활이 나아졌을 뿐 아니라, 자주관리의 경험이 축적되기 시작했다. 코헤스티옹 운동은 정부가 아니라 노동자들의 시위와 노동조합운동의 일환으로 시작되었고, 정부는 노동자들이 통제하려는 기업을 법적·재정적으로 안정화시키는 역할을 맡았다.

그리고 베네수엘라 정부는 2006년 3월부터 '공장 속으로' Fabrica Adentro라는 프로그램을 실시하면서, 회사를 안정시킨다는 조건으로 기업에 자금과 기술을 지원하고 노동자들의 경영참여와 지역공동체와의 연대를 요구했다. 이 프로그램에 595개 민간기업이 참여했고 정부는 총 2억 8천만 달러를 지원했는데, 이중 120여개 기업이 노동자통제기업으로 발전했다. 이런 기업들은 다큐멘터리 영화 〈5개의 공장〉5-Factories: Workers Control in Venezuela으로 기록되기도 했다. 그 과정에서 노동자통제기업이 노동자협동조합으로 발전하는 경우도 있었고, 이런 전환과정은 헌법 제184조를 통해 보장되었다.

기업지배구조의 변화는 협동조합과 무관하지 않았고, 그 과정에서 새로운 협동조합이 만들어지기도 했다. 예를 들어, 초콜릿 원액을 생산하는 카카오 기업인 카카오 아그로 인더스트리아Cacao Agro Industia는 두 개의 협동조합으로 구성되는데, 하나는 우프로카Uproca, Coopreative Cacao Union라는 카카오를 재배하는 3,600여 농가들로 구성된 협동조합, 다른 하나는 초코마르Chocomar로 96명의 노동자로 구성되어 공장을 운영하는 협동조합이다. 두 협동조합은 각각 16명의 위원회를 선출해서 총 32명이 협동조합 위원회를 구성하고 또 각각 4명의 경영진을 선출

영화 〈5개의 공장〉 포스터. 노동자들이 관리하는 공장으로 변한 뒤의 모습을 다뤘다.

해 8명이 기업을 운영한다. 여기서 노동자들은 공식적으로는 임금이 아닌 이윤선불금advance on profits or associates advances을 받는데, 12월에 결산하여 분배될 배당금을 월급의 형태로 받는다. 이런 변화는 노동자들에게 새롭고 창조적인 숙제를 주고 있다.

물론 코헤스티옹 과정에 모든 노동자들이 적극적으로 참여하는 것은 아니다. 그렇지만 노동자들이 회의나 정보공유, 토론 등을 통해 조금씩 경영에 관심을 가지게 되고, 더 중요하게는 노동자만이 아니라 지역의 협동조합들도 사업에 참여한다. 예를 들어, 전력회사 카다페의 자회사인 칼데라Cadela의 경비, 청소, 계량기 확인, 청구서 전달 등의 외주사업에는 약 575개의 협동조합이 참여하고 있다.* 그러면서 사적인 소유구조가 조금씩 공유구조로 바뀌고 있다.

그리고 2004년부터 차베스는 사회적 생산기업EPS을 도입했다. 코헤스티옹과 협동조합을 포괄하는 사회적 생산기업은 공유재를 통제하고 활용하려는 시도이자 지위에 따른 특권이나 사회적 차별 없이 구성원들이 평등하게 참여하는 기업을 만들기 위한 시도였다. 연대성, 호혜성, 공평성, 지속가능성 등을 원칙으로 삼는 사회적 생산기업으로 인정을 받으면 그 기업들은

---

* 여경훈, 「노동자 공동경영은 '미션 파서블'」, 『오마이뉴스』 2006. 12. 25.

낮은 이자로 신용대출을 받고 정부입찰계약에서 우선권을 받았다.

또한 베네수엘라 정부는 협동조합과 이런 형태의 기업들을 묶는 '내생적 발전지대들'Endogenous Development Zones을 만들고 이를 확대시켰다. 내생적 발전지대는 제조업, 농업, 서비스업, 각종 복지시설들을 통합하는 일종의 협동조합 클러스터이다. 2005년 5월 기준으로 960개의 협동조합에 2만 7,975명의 직업교육 이수생들이 참여하여 115개의 내생적 발전지대를 만들었고 11월에는 이를 125개로 확대했다. 이 발전지대에서 농업 부문이 73.5%를 차지하고 제조업 부문이 14.8%, 관광업이 10.4%를 차지했다.

이런 경제개혁에 힘입어 차베스는 2004년 8월 대통령 소환여부를 묻는 국민투표에서 59%의 반대표를 얻어 소환당하지 않았고 2006년 대통령 선거에서도 베네수엘라통합사회당PUSV을 만들어 62.89%의 지지를 받았다. 그리고 2006년에는 범위를 넓혀 아메리카 대륙을 위한 볼리바르 대안Bolivarian Alternative for the Americas, ALBA을 주장했다. 내생적 발전모형을 남미 지역 전체로 확장시킨 알바는 남미 경제의 통합과 초국적 자본과의 단절을 모색했다.

그러나 2007년 이후 차베스의 개혁속도는 주춤거리기 시작했고 차베스가 새로이 제안한 개헌안도 부결되었다. 이 와중에 차베스는 협동조합정책이 실패했다고 선언하기도 했는데, 그러면서도 2007년에는 '국제통화기금'을 대체하는 '남미은행' Banco del Sur을 설립하고 새로운 사회건설을 위한 토대를 닦았다. 2009년 차베스는 대통령의 연임 제한을 없애는 개헌안을 다시 제안했고 이 안은 국민투표에서 54%의 찬성을 받고 승인되었다. 그리고 차베스는 2012년 대통령선거에도 출마해 54%의 득표율로 당선됐다. 그러나 2013년 3월 암으로 사망하면서 차베스의 실험은 다음 정권으로 넘겨졌다.

차베스의 실험은 어느 정도 성공을 거뒀을까? 차베스 집권 당시의 사회지표가 사회변화를 어느 정도 설명해 준다. 물가상승률이나 공공부채는 낮아졌고 사회투자 비율은 높아졌다. 중앙정부와 지방정부의 공공지출 총예산에서 건강, 교육, 주택, 직업교육 등 사회복지와 사회보호를 위한 지출은 1998년의 47.9%에서 2007년 59.5%로 크게 증가했다. 2010년에는 세계적인 수준의 경제위기를 겪으면서도 복지지출이 45.7%나 되었다. 또한 취학률도 급격히 상승해서 대학교육은 1999년부터 86%가 상승했으며 중등교육은 54%, 초등교육은 10% 상승했다. 그리고 이미 1999년에 초등교육 취학률이 91%에 달했다.

더 중요하게는 비공식부문의 노동이 공식화되고, 농민들의 생산량도 늘어났다. 정부가 땅을 보장하자 농민들은 협동조합을 만들었고, 그 수는 1998년 21만 5천 개에서 2004년 94만 5,517개로 증가했고, 이 조합들은 11만 6천 가구에게 분배된 5백만 에이크 이상의 땅을 보유했다. 더구나 도시농업 프로그램은 식량주권의 사상을 도시로 가져왔다. '유엔식량농업기구'FAO에 따르면 베네수엘라인의 92%는 도시 중심가에서 생활하며 일하고 8%만이 농촌에 산다. 따라서 만일 베네수엘라가 식량자급을 원한다면 도시가 식량생산의 대안을 마련해야 했다. 땅을 가진 농촌의 농민들과 달리 기본적으로 '볼리바르1' 같은 도시의 유기농 텃밭은 정부의 체계적인 지원을 받으며 빈민들에게 건강한 먹거리를 제공했다.

'새로운사회를여는연구원' 연구센터는 베네수엘라의 실험을 '21세기 혁명'으로 규정하면서 그 혁명의 과제를 여섯 가지로 요약한다. ① 신자유주의 타파, ② 구체제의 법적·제도적 극복, ③ 대안경제 혁명, ④ 진정한 참여 정치의 구현, ⑤ 새로운 지역공동체와 국제관계의 건설, ⑥ 20세기 국가사회주의의 극복이 그 과제이다.

그러면서 연구센터는 베네수엘라의 시도가 ① 무장투쟁보다 단호한 선거혁명, ② 몰수 없는 혁명, ③ 민중 헤게모니로 추진되는 혁명, ④ 파괴보다 창조가 중심인 혁명, ⑤ 국민의 지배 강화로 관료주의를 넘는 혁명의 성격을 띤다고 본다.*

지금껏 살펴봤듯이 21세기 사회주의는 단순히 소유구조의 변화나 기업운영방식의 변화를 의미하지 않는다. 21세기 사회주의는 아래로부터 민중의 생각과 힘을 승인하고 그것에 의지해서 사회를 바꾸겠다는 전략이다. 그래서 환경파괴나 빈곤, 착취, 억압이나 차별을 해결하는 과정에서 민중의 직접 참여를 보장하고 그 지혜와 경험을 존중해서 고유한 지역 특색을 반영한 해결책을 찾겠다는 선언이다. 차베스만이 아니라 에콰도르의 라파엘 코레아R. Correa, 볼리비아의 에보 모랄레스J. E. Morales 같은 지도자들이 21세기 사회주의라는 노선으로 힘을 모은 것도 그 때문이다.

---

* 김병권 등, 앞의 책, 381~407쪽.

21세기 사회주의를 만들기로 결의한
베네수엘라의 차베스, 에콰도르의 코레아, 볼리비아의 모랄레스 대통령.

4. 코뮨국가는 가능할까?

물론 차베스 정부에 대한 평가가 호의적인 것만은 아니다. 차베스 정부가 노동조합과 갈등하면서 실질적인 노동조건이 개선되지 않았다는 주장도 있다. 예를 들어, "소비자물가 증가율을 고려하면, 비교가능한 시기인 2000년과 2010년 사이 최저임금은 144볼리바르에서 1,224볼리바르로 8.5배 인상된 반면, 같은 기간 소비자 물가는 7.4배 상승했기 때문에 실질 최저임금 인상률은 10년 기간 동안 14.3%에 불과한 것으로 나타났다. 평균임금 변화 추이를 분석할 수 있는 자료는 없지만 임금노동자와 함께 자영업자도 포괄하는 전체 취업자의 소득 변화 추이를 보면 1998년과 2011년 사이 전체 취업자의 평균 소득이 11.18배 증가한 가운데, 사적 부문이 9.4배 증가한 반면, 공공부문은 17.8배 증가함으로써 사적 부문의 두 배 정도 급격하게 증가하며 평균소득 증가추세를 주도했다. 실질소득 변화 추이를 보면, 2000년과 2010년 사이 사적 부문 소득은 5.0배, 공공부문 소득은 6.6배 증가했는데, 같은 기간 소비자물가가 7.4배 상승한 것을 고려하면 실질소득은 도리어 감소했으며, 감소폭은 사적 부문의 경우 공공부문에 비해 더 큰 것으로 나타났다"는 것이다.*

---

* 조돈문, 앞의 책, 117~118쪽.

그리고 정부가 운영하는 공공부문의 노동조합 조직화가 거의 진행되지 않았다는 점도 비판을 받았다. 또한 차베스 정부가 여러 정책들을 진행하면서 노동조합과 협의하고 합의하는 것보다 위에서 일방적으로 사업을 추진했다는 비판도 있다. 더 심각하게는 베네수엘라의 고질적인 식량문제를 해결하지 못했다는 지적도 있다. "식품부족의 문제와 인플레 문제가 2007년 12월의 차베스의 무기한 재선에 대한 국민투표에서 많은 시민들이 기권하여 차베스 정부가 패한 이유이고 오늘날도 많은 중간계급의 큰 불만이다."* 차베스가 국영협동조합을 활성화시키는 등 노력했지만 농업생산량의 증대나 식품유통부문의 개선은 여전히 어려운 과제였다. 또 다른 측면에서 이런 문제가 정부의 비효율과 부패에서 비롯된다는 비판도 제기되었다.

그렇지만 존 벨레미 포스터J. Bellamy Foster는 2012년 10월 20일의 차베스 연설에서 등장한 '코뮨국가'communal state라는 개념에 주목한다.** 특히 2010년의 '코뮨과 코뮨경제체계에 관한 기본법'the Organic Law of the Communes and the Organic Law of the Communal

---

* 안태환, 앞의 책, 58쪽.

** John Bellamy Foster, "Chávez and the Communal State: On the Transition to Socialism in Venezuela"(출처: http://monthlyreview.org/2015/04/01/chavez-and-the-communal-state/ 2015. 10. 30. 검색)

Economic System이 중요하다고 본다. 포스터는 사회주택과 소농, 중소기업, 공동체가 관리하는 교통수단과 고속도로 등 21세기 사회주의로 가기 위한 차베스의 실험에 주목한다. 물론 이런 각각의 실험들이 실제로 얼마나 성공하고 사회를 바꿨는지는 점검되어야 하겠지만 이런 시도 자체가 차베스의 지향을 나타낸다. 시민들이 사회와 공동체의 모든 차원에 적극적으로 개입할 때에만 체제를 전환시키는 동력이 만들어질 것이라는 지향말이다. 차베스는 이 과정에서 "코뮨이 아니라면 아무것도 아니다"either the commune or nothing라고 주장하기도 했다.

특히 '코뮨과 코뮨경제체계에 관한 기본법'은 한국 입장에서 보면 매우 급진적이다. 이 법은 연방국가를 더 분권화시켜 코뮨 간의 다양한 연합모델을 인정하고 지역주민이 지역의 미래를 설계해야 한다고 분명하게 규정한다. 그리고 코뮨경제체계에 관한 기본법은 사유재산권을 제한하고 그것을 코뮨재산으로 전환하면서 자발적인 노동과 물물교환체제, 지역화폐를 만들자고 제안한다. 시민사회단체의 강령이 아니라 정부의 법률이 이런 제안을 한다니 참 낯선 일이다. 한국의 진보정당이나 진보적인 정치인도 쉽게 이를 법률로 만들자고 제안하지 못할 만한 내용이 베네수엘라에서는 법으로 제정된 셈이다. 이는 전환의 의지를 분명하게 드러낸다.

비슷하게 아즐리니Dario Azzellini는 2013년에 쓴 「코뮨국가: 코뮨평의회와 코뮨, 작업장 민주주의」라는 글에서 베네수엘라의 상황을 구성권력constituent power과 구성된 권력constituted power의 대립으로 해석한다.* 베네수엘라에서는 시민들의 구성권력과 기득권의 구성된 권력이 대립하고 있다. 따라서 시민의 참여민주주의를 활성화시키는 한편 국가의 구성된 권력을 활용하는 이중전략a two-track approach이 필요했고, 아즐리니는 차베스가 이런 노선을 따랐다고 평가한다. 제헌의회, 국민투표, 미시온, 협동조합, 사회주의노동자평의회, 주민평의회, 코뮨들이 사회전환을 이루는 힘이었다.

차베스 이후에도 구성권력의 실험은 계속되고 있다. 차베스의 사망 이후 당선된 마두로Maduro 대통령은 2014년 9월에 '다섯 가지 대혁명'이라 부른 계획을 선포했다. ① 사회생산social production을 증진하는 경제혁명, ② 교육과 문화, 과학을 강조하는 지식혁명, ③ 사회주의 건설에 중요한 사회 미시온, ④ "부르주아 국가의 찌꺼기"를 없애는 새로운 민주주의국가와 코뮨국가의 수립, ⑤ "새로운 생태사회주의 모델"을 요구하는 '지역사

* Dario Azzellini, "The Communal State: Communal Councils, Communes, and Workplace Democracy"(출처: https://nacla.org/article/communal-state-communal-councils-communes-and-workplace-democracy, 2015. 10. 30. 검색)

회주의'territorial socialism 혁명이 그 계획이다. 그리고 많은 반대에도 2015년 코뮨을 위한 예산을 62% 인상했다. 마두로는 코뮨을 "민주주의의 가장 발전된 표현"이자 "사회주의 그 자체"라고 부른다. 마두로 정권이 최근에도 많은 위기를 겪고 있지만 코뮨국가라는 차베스의 꿈은 아직 계속되고 있는 셈이다.

베네수엘라의 실험이 우여곡절을 겪고 이런저런 한계를 드러낸다고 하지만 어찌되었건 그곳에서는 전환의 실험이 구체적으로 진행되었고 그 기운은 스페인으로 이어지고 있다. 새로운 실험이 시작되었다는 선언을 넘어서 아래로부터의 기운을 강화시키기 위한 구체적인 전략이 대륙을 넘어 이동해 스페인에서 실험되고 있는 셈이다.

아직까지 '포데모스'가 공식적으로 코뮨국가를 언급한 적은 없다. 그렇지만 스페인은 전통적으로 분리주의 성향이 강한 국가이고 바스크 지방이나 카탈루니아 지방의 지역정당들은 계속 분리를 고집하고 있다. 그리고 '포데모스'의 입장도 분리를 반대하지 않는다. '포데모스'는 지역적인 실험과 유럽연합 차원의 실험을 연계하려 하고, 지역 차원의 대안적인 기운을 모아 신자유주의에 맞서겠다는 구상을 하고 있다.

그리고 코뮨국가는 낯설지만 한국에 불가능한 대안이 아니다. 남북한의 통일을 고려한다면 외려 현실적인 대안이고, 동북아시아의 핵발전과 기후변화, 식량위기 등을 고려한다면 더 더욱 그렇다. 언제까지 우리는 국가주의의 틀 속에서 사유할 것인가? 방사능오염과 오염물질은 현해탄과 서해를 넘나들고 핵발전소가 밀집된 한국과 일본, 중국의 현실은 미래를 가늠하기 어렵게 한다. 그리고 기후변화는 아시아 지역 전체에 영향을 미치고 있고 식량위기 또한 특정 국가만의 문제는 아니다.

코뮨국가를 만든다는 것이 국가 단위의 실험을 부정하거나 모든 정치활동을 지역에만 집중시키겠다는 것은 아니다. 외려 차베스가 제안한 알바ALBA처럼, 자립하되 서로 필요한 부분을 충족시키는 국가 간 연대가 가능하다. 통합은 국가가 하는 것이 아니라 민중들이 하는 것이다. 동북아시아 코뮨국가라는 전망은 불가능한 꿈이 아니다.

5. 포퓰리즘, 시민의 자발성을 끌어내기 위한 디딤돌

뜻은 좋았지만 베네수엘라의 정치·경제적인 전환은 길고 어려운 과정을 밟아야 했다. 가장 기본적으로 사람들의 습관은 쉽게 바뀌지 않는다. (한국도 비슷하지만) 남미정치를 특징짓는 후견인관계, 즉 힘을 가진 자들이 민중의 뒤를 봐주며 정치적인 지지를 확보하는 관계는 쉽게 사라지지 않았다.

민중의 습관을 바꿀 물질적인 기반을 만들기 위해 차베스는 2000년부터 빈민지원사업으로 알려진 '볼리바르2000' Plan Volivar 2000 사업을 실시했다. 이 사업은 군인들이 마을로 가서 가전기기를 수리하고 협동조합을 만들고 교육하며 집도 지어주는 사업이었다. 그러면서 수천 개의 학교와 병원, 보건소, 주택, 공원이 세워졌고 200만 명 이상의 시민이 의료혜택을 받았다.

2000년 11월, 차베스는 신속한 개혁을 위해 대통령이 1년 동안 의회의 승인을 받지 않고 법률을 제정할 수 있는 특별입법권 법안을 통과시켰다. 차베스는 이 권한으로 사회구조를 근본적으로 바꿀 49개의 법률안을 통과시켰다. 대표적으로 석유산업을 통제하는 탄화수소법이 개정되었고, 경작되지 않는 땅을 정부가 수용해서 빈농이나 협동조합에게 낮은 이자나 무이자로 빌려주도록 토지법도 개정되었다. 도시민의 절반 이상을 차지하던 비공식부문의 노동을 공식노동으로 흡수하기 위해 5인 이상이면 협동조합을 만들 수 있도록 하고 자금/교육/구매 등의 면에서 협동조합을 지원하며 모든 협동조합의 세금을 면제하는 협동조합특별법, 이를 지원할 소액대출신용법 등의 법안이 통과되었다. 이런 법안들은 먹고사는 문제에 매달리며 후견인관계를 끊어내지 못했던 민중의 숨통을 틔웠다. 그렇지만 이런 시도들은 인기에 영합하는 포퓰리즘이라는 비판을 받았다.

기득권층은 차베스의 개혁정책에 속수무책으로 당하지 않았다. 2002년 4월에 군사쿠데타가 일어나 차베스를 감금하고 49개 개혁법안들을 폐기하려 했고, 그해 12월에는 노동조합까지 가세한 자본가들의 파업이 있었다. 이때 베네수엘라국영석유회사(PDVSA)의 생산량은 평상시의 10% 수준으로 떨어졌고, 베네수엘라의 경제성장률도 9% 정도로 떨어졌다. 그리고 2004년 8월까지 이런 추세가 이어져 실업자들이 엄청나게 늘어났다.

그러나 민중들의 시위로 쿠데타 세력에게서 풀려난 차베스는 볼리바르2000보다 훨씬 더 개혁적인 프로그램인 미시온사업을 2003년부터 추진하는 것으로 맞섰다. 문맹퇴치를 위한 미시온 로빈슨Mission Robinson I, II, 나이에 상관없이 교육을 받으면 고등학교 졸업자격을 주는 미시온 리바스Mission Ribas, 고교 졸업자들에게 대학 교육을 실시하는 미시온 수크레Mission Sucre, 쿠바와 연대하여 무상의료서비스를 제공하는 미시온 바리오 아덴트로Mission Baro Adentro I, II, 저렴한 가격에 좋은 품질의 식재료를 공급하는 미시온 메르칼Mission Mercal, 노동자들에게 기술을 교육시키는 미시온 부엘반 카라스Mission Vuelvan Caras, 토지를 공동소유하고 빈민과 원주민의 인권을 강화시키는 미시온 과이콰이푸로Mission Guicaipuro, 집 없는 사람들에게 공공주택을 공급하는 미시온 하비타트Mission Habitat 등의 미시온들이 추진되었다. 볼리바르 2000이 군대를 직접 동원했다면, 미시온은 국가가 재원을 지원하는 방식을 취했다. 미시온을 추진하기 위해 차베스는 국영석유회사가 '사회와 경제발전을 위한 기금'FONDEDPA을 조성하도록 했고 정부 예산의 40% 정도를 미시온에 투자했다.

특히 '기수를 돌려라' 미시온은 직업이 없거나 미숙련 임시고용직인 학생들이 협동조합을 구성해서 직접 사업을 기획하며 삶을 바꾸도록 지원했다. 이 미시온을 통해 2004년 12월부터 2005년 5월 사이에만 약 26만 4천 명의 학생들이 기술과 농업, 건설, 관광과 관련된 주제로 반년 혹은 1년 단위의 교육과정을 이수했고 매월 100달러의 장학금과 의료, 주거 조건을 제공받았다. 그리고 이 과정을 이수한 학생들이 협동조합을 만들 경우 정부의 우선지원을 받았는데, 실제로 2007년까지 67만 명이 이

곳을 졸업했고 1만 개의 협동조합을 설립했다.

빈민의 생활조건을 향상시키고 자존감을 강화시키는 미시온과 더불어 차베스는 기득권이 장악해온 지방정부 대신에 주민평의회를 조직하려고 시도했다. 즉 도시의 경우 200~400가구, 농촌의 경우 20~40가구가 주민평의회를 구성해서 중앙정부에 직접 프로젝트를 신청하도록 했다. 정부가 직접 나서지 않고 주민들이 기획할 수 있도록 지침을 제공하고 법률적인 검토만 했다. 그러자 주민주도력이 살아나기 시작했다. 2006년에 주민평의회의 수는 1만 2천 개에 달했고, 매년 15억 달러라는 많은 예산을 집행했다. 주민평의회는 지방정부를 거치지 않고 중앙정부와 직접 연계되어 여러 사업들을 진행하며 관료조직이나 기득권층의 활동을 감시했다.

주민들의 자존감과 자치를 되살리기 위해 주민평의회는 민주적인 내부구조를 갖췄다.

공동체 내 15세 이상 성인들로 최고의사결정기구인 시민총회를 구성하고, 집행기구는 공동체 내 보건위원회, 교육위원회 등 각종 위원회들의 대표들로 구성한다. 공동체위원회는 중앙정부로부터 자원을 직접 수령하며 자원의 운영방식은 시민총회가 결정한다. 지역사회의 주요한 사회경제적 문제들을 주어진 자원을 이용해 자체적으로 결정해

해결하며, 쓰레기 수거에서 학교 건설에 이르기까지 거의 모든 지역 사회 현안들을 다룬다.*

주민평의회는 일종의 비공식적인 정부, 주민들이 운영하는 그림자 내각shadow cabinet이다.

안태환은 이런 주민평의회를 대중의 "새로운 정치적 주체화 양식"이라 부르면서 "대중이 스스로 '주인공'이 되는 참여민주주의를 실험하고 있는 것"으로 본다.** 주민평의회는 시민을 관객의 위치에서 정치무대로 직접 끌어올린다. 주민평의회는 건강, 교육, 주택, 문화, 스포츠, 환경, 공단유지, 주민치안 등의 공공서비스를 직접 관장하고 이를 해결할 조직으로 협동조합을 주로 선택했다.

2006년 4월에 차베스는 주민평의회 법률을 공포하고 베네수엘라 전역으로 주민평의회를 확산시켜 2009년에는 그 수가 3만 개에 달했다.

주민평의회는 주민들이 원하는 공공건설 등의 대중의 요구를 아래에서부터 받아들여 직접 예산을 지방에 조직되어 있는 '대통령 직속 대

---

* 조돈문, 앞의 책, 40쪽.

** 안태환, 앞의 책, 119쪽.

중권력위원회'를 통해 제안한다. 구체적인 제안들은 주택문제가 가장 많고 상수도 건설, 도로, 전기, 스포츠, 학교 건설, 공원과 광장 건설 등의 순이다.*

베네수엘라에서 차베스 개인이 부각되었지만 국가와 사회를 개혁하는 과정은 한 사람의 힘으로 만들어지지 않는다. 비록 개혁이 차베스로 대변되었을지라도 다양한 힘들이 아래로부터 구성되어야 한다. 그런 점에서 차베스 역시 적극적으로 포퓰리즘 전략을 구사한 인물로 평가를 받고 있다. 베네수엘라의 포퓰리즘 전략은 미시온 사업으로 빈민과 농민, 청년들의 생활조건을 개선시키고 주민평의회와 볼리바리안 서클로 주민들의 자치력을 강화시키려 했다.

그렇지만 차베스의 이런 전략은 선심성 복지정책이고 국가재정을 고갈시킨다는 비판을 받아 왔다. 차베스가 죽고 난 뒤 뒤를 이은 마두로 정권이 연일 경제위기에 시달리고 선거에서 패배하자 '좌파 포퓰리즘' 전략이 실패했다는 평가도 쏟아졌다. 그렇다면 스페인은 이런 실패한 전략에서 무엇을 배웠을까? 스페인은 차베스의 포퓰리즘 전략에서 무엇을 배웠을까?

---

* 안태환, 앞의 책, 170쪽.

안태환은 차베스의 정치적인 이분법과 포퓰리즘이 정치 전략이라고 강조한다. 대중과 기득권층을 나누는 이분법은 극단적이지만 "많은 대중에게는 강력한 정치적 통합력"을 행사하고 "그동안의 사회적 배제를 보상할 수 있"게 한다. "예전의 독립영웅에 대한 강조는 시대착오적인 연설이 아니라 대중의 사회적 정체성을 강화시키는 효과가 있어 오히려 사회적 관계를 변혁적으로 재구성하려는 반헤게모니 전선구축에 아주 효율적이었다." 즉 "가난한 대중이 한번도 경험해보지 않은 자주적 참여와 정치적 조직의 경험은 그들 가운데에서 커다란 문화적 변화 즉, 탈식민화가 이루어지고 있는 것을 비록 개념적으로 인지하지 못하더라도 충분히 인식할 수 있게 한 것이다. 이것이야말로 차베스혁명이 이룩한 가장 중요한 변화이다."* '포데모스'의 포퓰리즘도 이와 크게 다르지 않다.

포퓰리즘은 단순히 인기를 얻기 위해 민중이 좋아할 만한 정책을 실시하는 것이 아니다. 그럴 생각이었다면 복지정책이나 주체화 전략보다 민중을 현혹하는 빵과 서커스를 제공하는 것이 훨씬 더 효과적이었을 것이다. 민중에게 자치권을 돌려주는 것이 아니라 그들이 자치를 포기하도록 배를 불리고 오락거리

---

* 안태환, 앞의 책, 90쪽.

를 제공하는 것이 더 효과적이었을 것이다. 베네수엘라의 포퓰리즘 전략은 빵과 서커스가 아니라 자치력의 회복에 초점을 맞췄다는 점에서 단순한 인기몰이 전략으로 평가될 수 없다.

물론 다른 식의 비판은 가능하다. 차베스가 집권한 뒤에도 정부정책은 비효율적이었고 관료들은 여전히 부패했다는 비판이 그것이다. 란더Edgardo Lander는 베네수엘라의 실험이 연금국가rentier state 모델과 레닌주의 수직구조Leninist logic of verticality에서 벗어나지 못했기에 실패했다고 비판한다. 차베스가 주장한 코뮨의 실험들은 자율성과 참여민주주의를 실현하지 못했고, 다양한 미시온들이 사회적인 네트워크를 만들었지만 경제위기와 인플레이션, 결핍에 직면한 사람들은 연대보다 개인주의와 경쟁에 의존했다.* 베네수엘라의 공동체들은 사람들의 다양성을 반영하는 조직구조를 갖추지 못했고, 시민들은 공동체보다 개인적인 이득을 위해 국가보조를 이용했다. 특히 베네수엘라의 석유가 풍부하고 그것으로 수익을 얻을 수 있다는 사람들의 상식은 쉽게 변하지 않았다. 십 년 이상의 실험에도 베네수엘라 시민

---

* Venezuela's fabric of solidarity has become an individualistic and competitive black market: Interview by Hugo Prieto in Contrapunto.com(출처: https://www.tni.org/en/article/venezuelas-fabric-of-solidarity-has-become-an-individualistic-and-competitive-black-market, 2015. 10. 12. 검색)

들의 의식은 별로 바뀌지 않았다.

그렇지만 차베스가 권력의 공백상태에서 집권하지 않았고 끊임없이 쿠데타 시도가 있을 만큼 불안정한 권력구조였으며 언론과 노동조합이 차베스 정권에 적대적이었다는 점을 생각하면, 이 문제들이 차베스만의 몫은 아니다. 적대적인 외부환경에서도 포퓰리즘의 구상을 실현할 수 있는 조금 더 강력한, 조금 더 새로운 틀이 필요했다고 말할 수 있다. 그리고 외부의 부패만이 아니라 내부의 부패도 막고 몇몇 사람들의 머리에서 나온 구상이 아니라 광범위한 시민참여를 통한 대안 마련이 필요했다.

그런 점에서 스페인의 포퓰리즘 전략은 차베스보다 한걸음 더 나아갔다고 할 수 있다. 인민에게 권력을 주고 자치력을 회복시키면서도 내부와 외부의 부패를 방지할 수 있는 강력한 윤리강령은 새로운 포퓰리즘 전략의 출현을 예고한다.

| 나오는 글 |

승리를 위한 지침

데이비드 그레이버D. Graeber는 「승리의 충격」The shock of victory 이라는 글에서 승리에 대한 우리의 관점을 문제 삼는다. 비록 국가나 자본주의를 파괴하지 못했지만 우리는 반핵운동이나 전지구적 정의운동에서 승리를 거뒀고 '세계무역기구'WTO나 '국제통화기금', '세계은행'World Bank 같은 초국적 기구들에도 상당한 영향력을 행사해 왔다. 그런데도 우리는 항상 졌다고 생각하고 우리의 운동에 치명적인 약점이 있다고 믿는다.

그레이버는 그 반대라고 얘기한다.

우리는 졌다. 우리는 흡수되었다. 내게 이것은 터무니없어 보인다. 우리는 기업문화가 성차별주의를 저주하는 립서비스를 할 의무를 느끼고, 자본주의 기업이 페미니스트 책과 영화, 그리고 다른 상품들을 마케팅하기 시작했다고 하여, 페미니즘이 아무것도 이루지 못하고 졌다고 말할 수 있는가? 물론 아니다. 자본주의와 가부장제를 한 방에 타도하지 않는 한, 이것은 다른 곳이 있다는 것을 보여 주는 가장 명백한 징표다. 어쩌면 혁명을 향한 실질적인 길은 무한한 흡수의 순간, 무한한 승리 캠페인의 순간, 무한한 작은 반란의 순간 또는 무한한 탈주와 조용한 자율의 순간을 포함할지 모른다. 나는 그런 것이 어떤 모습일지 생각하는 것조차 망설여진다. 하지만 그 방향으로 나아가기 위해 우리가 해야 할 첫 번째 일은, 우리가 하고 있다는 점을 인식하는 것이며, 사실상 약간은 이겼다는 점을 인식하는 것이다. 사실 최근 우리는 상당히 많이 이기고 있다. 문제는 어떻게 하면 의기양양함과 절망의 순환을 끊을 수 있는지, 그리고 이 승리들이 서로에 보탬이 되며 새로운 사회를 향한 누적적인 운동을 창조해 내는지에 대한 전략적 전망에 어떻게 도달할 수 있는지다(많을수록 더 즐겁다).*

우리가 이기고 있는 순간에도 우리를 혼란에 빠뜨리고 내부의 갈등을 조장하는 적들에 맞서 우리는 어떻게 서로에게 보탬

* 남산강학원 적린 님의 번역(http://old.kungfus.net/xe/index.php?document_srl=171471) 2008. 6. 20.

이 될 것인가?

데이비드 그레이버는 다른 책에서 이에 관한 실마리를 제시하기도 했다.

> 가장 중요한 목표는, 아나키스트든 아니든 적어도 함께 이 세계의 폭력적 제도에 맞서고자 하는 사람들과의 관계에서 '듣기'와 '이해하기'와 '합당성'의 역량을 기르는 것이었다. 이는 함께 맞서는 협력자들과의 관계에서까지 상대에게 압력을 행사하거나, 어떤 제도적 통합을 이루도록 압박하고 타협하는 일을 포함해 폭력적인 제도 자체를 철저히 거부한다는 뜻이다. 우리는 우리만의 '자율 거품'을 만들어 마치 자유로운 사회 안에서 행동하는 것처럼 행동했다. 이곳에서 정치는 자신이 정말 생각하는 것만을 말하고, 옳다고 믿는 것만을 행하며, 어떤 타협도 없이 이 거품의 형태를 유지함을 의미했다. 더 주목할 점은 이 운동이 실천 기법들을 발전시켰다는 사실이다.*

그레이버는 새로운 사회가 올 때까지 기다리지 않고 지금 내가 생활하는 시공간에서 그렇게 살아가는 정치, 미래를 살아가는 정치prefigurative politics를 강조한다.

---

* 데이비드 그레이버, 『아나키스트 인류학의 조각들』, 나현영 옮김, 포도밭, 2016, 25쪽.

그레이버의 글을 읽으면 스페인의 활동가들에게서 느꼈던 자존감과 자신감이 생각난다. "씨 쎄 뿌에데! Si Se Puede"(우리는 할 수 있다)라고 외치며 서로를 격려하던 '빠'의 사람들에게서, 우리는 이미 이기고 있다던 '아오라 마드리드'의 활동가에게서, "우리는 승리할 것입니다. 이 도시의 다수를 차지한 우리가 바르셀로나를 되찾겠다고 결의했기 때문입니다"라는 아다 콜라우 시장의 연설에서 그 기운을 느낄 수 있다.

지금 우리와 무엇이 다를까? 우리에겐 승리의 경험이 없어서일까? 그레이버의 관점으로 보면 사실 우리는 전 세계 다른 어떤 나라들과 견주어도 부끄럽지 않을 많은 승리들을 일구어 왔다. 그런데도 왜 우리는 언제나 패배했다고 여길까? 정말 우리에겐 힘이 없을까?

들어가는 글에서 얘기했듯이 우리의 나라와 기득권층의 나라는 이미 나눠져 있다. 그런데도 우리가 하나의 나라에 살고 있다고 착각하는 이유는 우리가 그들이 정한 시간과 그들이 지배하는 공간에 살기 때문이다. 그들이 정한 법에 따르고 그들이 제안하는 계획을 순순히 받아들이기 때문이다. 이 시간과 공간, 법과 계획에서 벗어나지 않는 이상, 그것에서 벗어나려고 노력하지 않는 이상 우리는 우리의 나라를 만들 수 없고, 기득권층의 나라에 포획되어 계속 삶의 에너지를 빼앗길 수밖에 없다.

그렇다면 우리의 시간과 공간을 어떻게 만들 수 있을까? 그것은 우리가 거리로 나서서 시위를 하고 행진을 하고 집회를 여는 것일 수 있고 일자리와 쉼을 잃은 사람에게 내 공간을 잠깐 열어주고 보살펴주는 것일 수도 있다. 내가 직접 해보겠다며 정치무대에 오르는 것일 수 있고 이제는 정말 이겨보자며 먼저 연합의 손을 내미는 것일 수도 있다. 우리의 시간과 공간을 만드는 일은 개인적인 결심일 수도 있고 집단적인 결의일 수도 있다. 중요한 것은 그 시간과 공간을 자주 열어 기득권층의 시공간에 틈을 만들고 때로는 그들의 시공간을 찢는 일이다.

그런 과정이 반복되다 보면 우리는 서로에게 약속을 할 수 있고 그런 약속의 힘이 법의 지배력을 넘어서면 우리의 약속이 우리의 법이 될 수 있다. 도로를 그냥 건너면 무단횡단, 불법통행이지만 여러 사람들이 함께 건너면 무리의 이동이다. 경찰이 봐도 쉽게 제지하기 어려운 그 상황, 그것이 바로 정치 아닐까?

다른 무엇보다도 선거야말로 기득권 세력이 정한 시간과 공간, 법과 계획이 완벽하게 지배하는 정치판이다. 그래서 한국의 선거법이나 정치관련 법률은 스페인과 달리 정치연합도, 지역정당도 금지한다. 그들의 법에 따르면 우리가 할 수 있는 건 별로 없다. 그러나 '포데모스'나 '아오라 마드리드', '바르셀로나 엔코뮤'의 윤리강령과 같은 약속을 우리가 만들 수 있다면? 우리의 시간과 공간이 서로를 이해하고 손을 맞잡는 데 활용되고 연합에 필요한 약속과 강령을 만들 수 있다면? 그냥 선거철이 되었으니 후보를 낸다가 아니라 선거에서 이기기 위해 우리의 시간과 공간을 활용할 수 있다면? 그 힘이 모여 법을 압박하고 우리의 계획에 맞도록 법을 바꿀 수 있다면? 선거 이후에도 우리의 약속과 강령들이 다양한 정치를 활성화시키고 그 가능성의 장들을 개방할 수 있다면? 이런 질문들을 서로 나누다 보면 흥미진진한 정치의 실험들이 시작될 수 있다. 그런 점에서 스페인과 베네수엘라의 새로운 정치는 우리에게 중요한 답이 아니라 질문들이다.

우리는 이 질문들에 어떻게 답할 수 있을까? 중요한 건 그들의 전략을 복제하는 것이 아니라 우리의 포퓰리즘은 무엇인지 밝히고 그것을 현실에 적용시킬 전략이다. 말로만 민주주의, 시민참여를 떠들 뿐 실제 현실에 적용할 아무런 방법도 가지고 있지 않은 정치세력은 더 이상 시민을 설득할 수 없다. 본인의 선함을 드러내는 것만으론 기득권 정치를 넘어설 수 없다. 지역에 존재하는 다양한 주민/시민단체들과 다양한 모임들, 그리고 부패한 기득권층에 싫증을 내지만 딱히 다른 가능성을 찾고 있지 못한 개인들과 일상적으로 접촉하지 않고 선거철에 반짝하는 연합전술로는 선거에서 이기기 어렵다. 다른 무엇보다도 기득권층의 요구와 다르게 움직이고 다르게 일하고 다르게 즐기고 다르게 생활하는 다양한 사람들을 그 자체로 인정하면서도 어떻게 함께 묶을 것인가, 이 질문에 대한 답을 찾아야 한다.

'바르셀로나 엔 코뮤'는 「승리를 위한 간단한 지침서」를 제안하고 배포했다. 우리는 어떤 지침서를 제안할 수 있을까? 몇 가지 중요한 전제들을 얘기할 수 있다.

첫째, 이제 정치적인 중립은 포기되어야 한다. 한국 상황에서 중앙권력만이 아니라 지역권력구조를 근본적으로 바꾸려면 가장 먼저 필요한 것은 멈춰선 중립을 포기하고 정치행동에 나서는 것이다. 달리는 기차에 중립은 없다는 말이 있듯이, 한국처럼 부와 권력이 집중된 사회에서 중립은 기득권을 더 강화시킬 뿐이다. 공동체의 규칙을 바꾸고 싶다면 적극적으로 정치에 임해야 한다. 다시 정치적인 중립을 논의해야 할 시점이 올 수 있지만 적어도 힘의 균형이 만들어질 때까지는 중립을 버리자.

둘째, 규칙을 바꿔야 한다. 정당법과 공직선거법과 같은 정치 관련법이 새로운 정치세력의 등장을 가로막는 장벽이라면 그 법을 바꿔야 한다. 법이 문제라서 어쩔 수 없다는 이야기를 너무 오래 반복했다. 법을 바꾸려면 어떻게 해야 할까? 법과 규칙을 제정하고 바꾸는 건 행정부나 입법부를 통해서 가능한데, 두 곳 모두 기득권층이 장악한 곳이다. 아니, 규칙의 해석을 담당하는 사법부까지 모두 기득권층이 장악하고 있다. 그래서 법과 절차에 따르면 규칙을 바꿀 기회가 생기지 않는다. 규칙을 바꿀 기회는 지금처럼 대규모 시위가 벌어질 때 가능하다. 대규모 시위는 각각의 의제를 직접 다루는 것보다 체계의 규칙을 문제삼고 구조를 바꿔야 한다. 지금 우리에게 필요한 것은 해달라는 요구안보다 이렇게 가야 한다는 제도개혁안이다.

셋째, 지역의 권력구조를 바꾸기 위한 정치연합이 필요하다. 하지만 고만고만한 정당이나 단체들이 야권단일후보나 시민후보를 만드는 방식에서 벗어나야 한다. 권력구조를 바꾸려면 더 폭넓은 연합이 필요하고, 그 연합은 선거만이 아니라 '선거 이후'에도 변화를 추진해야 한다. 이를 위해서는 '아오라 마드리드'나 '바르셀로나 엔 코뮤', '포데모스'처럼 '윤리강령'과 힘을 모을 수 있는 '플랫폼'이 필요하다. 특권을 포기하고 권력을 민중에게 되돌리도록 강요하는 윤리강령과 개혁을 실현할 플랫폼을 구성하기 위해 기성정당이나 단체들은 가급적 모든 사람들에게 이 플랫폼을 개방해야 한다. 시민의 마음을 움직일 수 있는 '감동을 주는 정치'는 어떤 형태이든 자신의 기득권을 내려놓을 때에만 가능하다. 검증된 '우리편'만 바라보며 이야기를 건네고 그 이야기를 듣는 관행에서 벗어나 자기 곁을 과감하게 열어야 한다. 지금 우리만으로는 부족하다는 점을 인정하지 않으면 새로운 정치를 시작하기 어렵다.

넷째, 정치를 바꾸는 과정은 시민들과 함께 진행되어야 한다. 포퓰리즘은 쥐고 있던 마이크를 엘리트가 아니라 배제된 사람들에게 넘겨주고 그들의 목소리를 담으려는 노력이다. 그들이 직접 결정할 수 있도록 도우려는 과정이다. 각기 다른 수많은 삶을 모두 떠안을 수 있는 사람이나 조직은 없다. 따라서 다른 이들을 돕는다는 명목으로 모든 걸 다 떠안기보다는 각자가 스스로 일어설 수 있도록 도와야 한다. 그래서 연습이 필요하고 중요하고, 꽉 차고 무거운 이념보다는 헐렁하고 가벼운 일상의 목표들이 중요하다. 정치주체가 되기 위해서는 여러 차례의 연습이 필요하고, 작은 승리들을 거두며 실험의 범위를 조금씩 넓혀가는 과정이 중요하다. 사람들의 자치력은 이념이 아니라 실험을 통해서만 강해질 수 있고, 서로의 힘을 강화시키는 신뢰 역시 이런 과정을 통해서만 싹틀 수 있다.

다섯째, 시민참여가 강화되어야 한다는 것은 당위가 아니라 관료주의를 견제하기 위한 유일한 장치이다. 왜냐하면 관료제가 공공성을 독점하고 자신의 합리성을 강요하는 상황에서 민주주의는 힘을 잃을 수밖에 없기 때문이다. 관료들은 많은 정보와 기술을 바탕으로 선출직 정치인이나 시민들을 능히 통제할 수 있다. '관피아'라 불리기도 하는 한국의 관료들은 '회전문 인

사'를 통해 재벌들과 결탁하며 부패를 일삼아 왔다. 그래서 그동안 공公을 내세워 사회의 주요한 정책결정을 독점해온 관료주의에 맞서 민은 공共의 힘을 살려야 한다. 그래야 실제로 체제가 바뀔 수 있다.

여섯째, 민주적인 의사소통/결정구조가 필요하다. 모범정답은 아니지만 대강의 해답은 이미 알려져 있다. 즉 조직 내부의 의사결정과 그런 결정을 내리게 된 정보가 모두 공개된다면 불필요한 시비는 피할 수 있다. 그리고 하나의 공간으로 사람들을 모으려고 하지 말고 지역과 의제별로 참여를 다각화시키고, 하나의 시간만이 아니라 각자 처지에 따라 일상적으로 참여할 수 있는 다양한 시간대를 마련한다면, 조직 내/외부의 민주주의는 더욱더 강화될 수 있다. 베네수엘라와 스페인은 지금 여기서도 얼마든지 우리의 시간과 공간을 만들 수 있음을 증명하고 있다.

일곱째, 사회가 가고자 하는 궁극적인 방향을 가리키는 헌법이 중요하다. 그리고 헌법을 제정한 사람들보다 헌법을 낳은 사건이 중요하다. 새로운 나라의 탄생은 그 나라를 세운 사람들의 열망과 분리될 수 없기에 그 사건을 통해 그들이 세우고자 한 원칙을 유추할 수 있다. 예를 들어, 미국의 독립전쟁 없이 미국헌법을 해석할 수는 없다. 그렇다면 우리도 헌법 조문 하나하나에 얽매일 필요가 없고(그건 잘 하는 사람들이 하도록 두자!) 우리가 원하는 사건의 방향을 만들어야 한다. 박근혜 대통령이나 야당의 개헌이 아니라 우리의 헌법이 될 수 있도록 헌법정신의 흐름을 만들어야 한다. 2008년 7월, 에콰도르는 헌법을 개정하면서 자연계의 모든 생물에게 그 권리를 인정하는 법을 국민투표로 통과시켰다. 우리도 불안하고 위험한 시대를 어떻게 극복하려 하는가에 관한 훨씬 더 근본적인 논의가 필요하다.

새로운 정치는 어느 날 갑자기 선물처럼 거대한 사건으로 우리를 덮쳐올 수 있는데, 그럴 때 우리는 그 사건을 반기기도 하지만 도망치기도 한다. 그 사건을 우리의 리듬으로 만들려면 우리에게도 훈련이 필요하다. 이 책을 그런 훈련의 과정으로 받아들이면 좋겠다.

시민의 정치를 위한 안내서

시민에게 권력을

초판 1쇄 발행 2017년 1월 9일

지은이 하승우
펴낸이 오은지
책임편집 변홍철
표지디자인 박대성
펴낸곳 도서출판 한티재 | 등록 2010년 4월 12일 제2010-000010호
주소 42087 대구시 수성구 달구벌대로 492길 15
전화 053-743-8368 | 팩스 053-743-8367
전자우편 hantibooks@gmail.com | 블로그 www.hantibooks.com

© 하승우 2017
ISBN 978-89-97090-64-8 04300
ISBN 978-89-97090-40-2 (세트)

책값은 뒤표지에 있습니다.
이 책 내용의 일부 또는 전부를 이용하려면 저작권자와 한티재의 서면 동의를 받아야 합니다.

이 도서의 국립중앙도서관 출판예정도서목록(CIP)은 서지정보유통지원시스템 홈페이지(http://seoji.nl.go.kr)와 국가자료공동목록시스템(http://www.nl.go.kr/kolisnet)에서 이용하실 수 있습니다. (CIP제어번호: CIPCIP2016031311)